MERIAN *live!*

W0068557

Korsika

Dirk Schröder ist erfahrener Reise-
journalist und Fotograf. Unterstützt wurde
er bei seinen Recherchen von Veronika
Puzio. Das ursprüngliche Manuskript
stammt von Michael Studemund-Halévy.

Inhalt

◂ Hoch über der Nordküste Korsikas thront der Ort Belgodère (▸ S. 54)

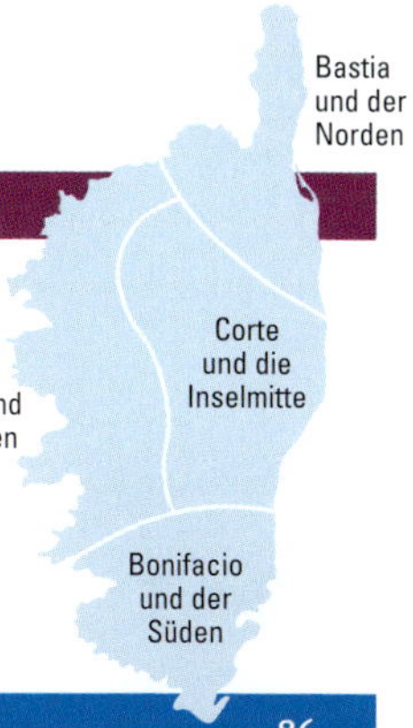

Bastia und der Norden
Corte und die Inselmitte
Ajaccio und der Westen
Bonifacio und der Süden

Unterwegs auf Korsika 30

Touren und Ausflüge 86

Wissenswertes über Korsika 94

Karten und Pläne

Die Koordinaten im Text verweisen auf die Karten, z. B. ▸ S. 112, C 5.

Willkommen auf Korsika Die Insel

bietet mit ihren schönen Sandstränden und wildromanti-
schen Schluchten alles für einen gelungenen Urlaub.

Wir haben unsere Hängematten am schönsten Strand Korsikas an dicken Pinien aufgehängt. Das gleichmäßige Rollen der Wellen wird nur gelegentlich durch das metallische Rattern und schrille Pfeifen des »feurigen Elias«, wie die Schmalspurbahn Micheline liebevoll genannt wird, unterbrochen. Vor uns eine fast kreisförmige Bucht, einige Windsurfer, die über das Meer zischen. Calvi mit seiner Altstadt, die von einer wuchtigen Zitadelle gekrönt wird, könnte keine bessere Kulisse bilden. Alltagsgedanken schaukeln schnell in die Vergangenheit. Wir träumen von einer Paella in einem der zahlreichen Restaurants in der Altstadt, die bei sommerlicher Abendstimmung Tische und Stühle nach draußen gestellt haben. Dann einen Bummel am Kai entlang, wo stattliche Segelboote der High Society vertäut sind und die Bars wie auf einer Perlenkette aufgereiht. Wir wollen uns noch einmal so richtig verwöhnen lassen, bevor es hinauf in die Berge auf den berühmten GR 20 geht, der hochalpinen Transversale, die wir mit dem Küstenwanderweg Tra Mare e Monti kombinieren werden.

Ursprüngliches Korsika

Korsika bietet auf kurze Entfernungen wirklich alles, was wir uns für einen Urlaub wünschen. Von unserem

◄ Beliebte Badebucht: die Plage de Piantarella bei Bonifacio (► S. 61).

Quartier scheinen die Berge zum Greifen nahe. Schon in zwei Tagen sind wir in der Region der 2000er, die sich wie ein gewaltiger Gebirgsrücken quer über die Insel ausbreitet. In den Bergdörfern begegnen wir dem ursprünglichen Korsika, wir treffen Menschen, die uns wie gute Freunde zum Pastis einladen und uns ihre Lebensgeschichte erzählen. Dazu gehört auch ein Abenteuer von einer Wildschweinjagd an einem stürmischen Herbsttag, wo es um Leben und Tod ging und das mit einem Happy End für den Jäger schließt. Nicht die Wildschweine, aber die wild lebenden Schweine, die überall in den Bergen nach Essbarem wühlen, haben uns eines Abends ordentlich den Tag vermiest, weil sie in unser Zelt gestürmt sind, ohne den Reißverschluss zu öffnen. Der intensiv riechende Bergkäse und die ach so köstlichen Würstchen hatten sie von Weitem angelockt.

Wilde Westküste

Die alten Verbindungswege von der Küste ins Gebirge sind zu hervorragenden Wanderwegen ausgebaut, sodass man kreuz und quer zu Fuß laufen kann. Wer sich zwischendrin erholen möchte, kann sich mit der Schmalspurbahn ans Meer nach Ajaccio schaukeln lassen. Die Strecke führt von der heimlichen Hauptstadt Corte im Inland über abenteuerliche Brückenkonstruktionen und grandiose Streckenführung in die strahlende Hauptstadt an der Westküste. In der Geburtsstadt Napoleons begegnet man dem großen Korsen auf Schritt und Tritt, sei es als

Statue, im Museum oder in den zahlreichen Souvenirgeschäften. Ajaccio zeigt sich hell, freundlich, mit großzügigen Plätzen und einer fotogenen Altstadt. Zwischen Ajaccio und Calvi wird die Westküste immer wilder, die Straße abenteuerlich mit ihrem Höhepunkt bei Porto in der Calanche, wo die Küstenberge, die wie ein norwegischer Fjord weit über 1000 Meter aufsteigen, in der Abendsonne feuerrot erscheinen. Die bizarren zerlöcherten Felsen zeigen hier die kuriosesten Formen. An keiner anderen Stelle der Insel sind die Kontraste von Meer und Gebirge so deutlich zu spüren wie hier.

Sanfte Ostküste

Ganz anders erleben wir die Ostküste, wo der Sandstrand sich so weit erstreckt, wie das Auge reicht und in der Ferne die Insel Elba zu erahnen ist. Wein, Kastanien und köstliche Muscheln aus den flachen Etangs gehören zu den kulinarischen Highlights dieser Region.

An der Südspitze bei Bonifacio ist der Nachbar Sardinien nur einen Katzensprung entfernt. Die Stadt ist so spektakulär auf den Felsen gebaut wie keine andere. Der italienische Einfluss gestaltet nicht nur die Speisekarten sehr abwechslungsreich, nein, auch die korsische Sprache ist stark italienisch beeinflusst, und in der Architektur ist ebenfalls die Nähe zu Italien zu sehen, in Bastia noch mehr als in Ajaccio.

Dass Napoleon seine Insel schon vor der Ankunft am Duft der Macchia erkennen konnte, ist hinlänglich bekannt. Nach einer Wanderung durch die blühende Küstenlandschaft werden auch wir den typischen Duft nicht mehr vergessen.

MERIAN-TopTen

MERIAN zeigt Ihnen die Höhepunkte der Insel: Das sollten Sie sich bei Ihrem Besuch auf Korsika nicht entgehen lassen.

 Cap Corse

Idyllische Bergdörfer und tief eingeschnittene Buchten machen das Kap zu einem »Korsika im Kleinen« (▸ S. 37).

 San Michele de Murato

Das berühmteste romanische Heiligtum Korsikas wurde 1280 vollendet (▸ S. 41).

 Sant' Antonino

Der »Adlerhorst der Balagne« mit seinen malerisch engen Gassen gilt als das schönste Dorf Korsikas (▸ S. 57).

 Inselbahn Micheline

Die Panorama-Fahrt mit der Inselbahn gehört zu den Attraktionen von Korsika (▸ S. 58).

 Bonifacio

Höhepunkt der Südküste Korsikas ist die Stadt Bonifacio, die in außergewöhnlicher Lage hoch über dem Meer thront (▸ S. 61).

 Prähistorische Stätte Filitosa

Im Morgenlicht sind die Statuen der ältesten Siedlung am eindrucksvollsten (▸ S. 73).

 Ausgrabungsstätte Aléria
Die größte Ausgrabungsstät-
te Korsikas mit Forum und
Tempel führt den Besucher
2500 Jahre zurück in der
Geschichte (▶ S. 81).

 **Renaissance-Fresken,
Favalello**
Die Fresken der Kapelle
Santa Maria Assunta lohnen
einen Besuch (▶ S. 82).

 Gorges de la Restonica
Die wildromantische
Schlucht ist unbedingt
sehenswert, zudem ist sie
Ausgangspunkt für zahl-
reiche schöne Wanderun-
gen (▶ S. 82).

 Fernwanderweg GR 20
Von Mitte Juni bis Ende
Oktober ist der Fernwander-
weg Herausforderung für
Bergwanderer (▶ S. 91).

MERIAN-Tipps Mit MERIAN mehr erleben.

Nehmen Sie teil am Leben der Insel und entdecken Sie Korsika, wie es nur Einheimische kennen.

Mittelalterliches Karfreitags-spektakel, Sartène

In Sartène wird zu Ostern ein-drucksvoll an den Kreuzweg Christi erinnert (▸ S. 23).

Wanderweg Tra Mare e Monti

Den Duft der Macchiasträu-cher einsaugen, weite Blicke übers Meer genießen, das geht am besten zu Fuß auf alten Pfaden (▸ S. 27, 90).

Maison Saint-Hyacinthe bei Bastia

Eine einfache, ruhige Über-nachtungsmöglichkeit bietet dieses Kloster (▸ S. 37).

4 Hotel Castel Brando, Erbalunga

Ein beschaulicher Fischerort und Hotelkomfort mit Stil (▸ S. 38).

5 Unterkunft mit Charme im Bergdorf Lama

In ehemaligen Wohnhäusern wurden Ferienwohnungen im Stil der italienischen Renais-sance eingerichtet (▸ S. 41).

Restaurant Le 20123, Ajaccio

Der Name weist auf ein extravagantes Restaurant mit hervorragender Küche hin (▸ S. 46).

 Îles Sanguinaires
Ein faszinierendes Natur-
schauspiel: der Sonnen-
untergang auf diesen Inseln
(▸ S. 49).

 Balagne
Baderummel an den schöns-
ten Sandstränden und geruh-
sames Leben der Korsen in
den Bergdörfern der Balagne
liegen hier dicht beieinander
(▸ S. 53).

 Col de Bavella
Die schönste Passstraße im
Süden der Insel führt über
den Col de Bavella (▸ S. 70).

 Auberge de la Restonica
In einfachem Ambiente wer-
den vorzügliche korsische
Spezialitäten wie Ziegen-
fleisch und wild wachsender
Bergspargel aufgetischt
(▸ S. 81).

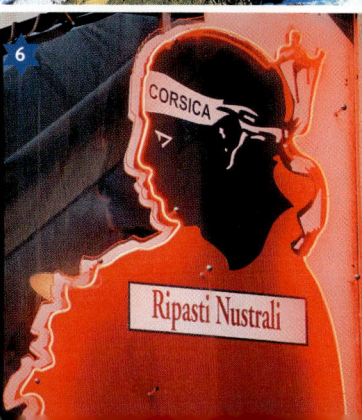

Das Restaurant »La Caravelle« (▶ S. 65) in Bonifacio ist bekannt für die außergewöhnliche Zubereitung von frischem Fisch und Meeresfrüchten.

Zu Gast
auf Korsika

Übernachtung mit spektakulärem Meerblick, eine
ursprüngliche Küche und vielerlei Sportmöglichkeiten
erwarten den Gast auf der »Insel der Schönheit«.

Übernachten
Auf Korsika können sich Urlauber in heimeligen Hotels mit persönlicher Atmosphäre verwöhnen lassen, ein Ferienhaus in ländlicher Umgebung mieten oder die Ruhe im Kloster suchen.

◄ Sicherlich gut erholen kann man sich im romantischen Ambiente des Grand Hotel de Cala Rossa (▶ S. 66).

Hotelhochburgen, wie sie an manchen Orten auf dem französischen Festland üblich sind, sucht man auf Korsika vergebens. Viele Unterkünfte sind Familienbetriebe mit entsprechend persönlicher Atmosphäre. Im Juli und August sind sie schnell ausgebucht. Drei Viertel der rund 40000 Hotelbetten entsprechen dem 2- oder 3-Sterne-Komfort. Während das Hotelangebot an der Küste recht hoch ist, nimmt es im Landesinneren deutlich ab. In größeren Städten sind die Hotels oft preiswerter als in kleineren Orten. Ein Verzeichnis bekommt man bei den Touristenbüros.

Familienhotels mit traditioneller Küche

Ein Frühstück kostet je nach Hotelkategorie zwischen 10 und 18 €. Der Milchkaffee und ein frisches Croissant in der Bar an der Ecke kommen meist deutlich billiger. Häufig erwarten die korsischen Hoteliers von ihren Gästen, dass Halb- oder Vollpension gebucht wird. Eine Reihe von Hotelführern vermittelt einen guten Überblick über Preise und Komfort. Bei den Hotels »**Logis et Auberge de France**«, erkennbar an dem grünen Schild mit gelbem Kamin, fährt man in der Regel recht gut. Es erwarten einen traditionelle Hotels und regionale Küche zu zivilen Preisen.

Das typische Korsika versprechen die unter dem Motto »**casa toia**« (»Dein Haus«) zusammenarbeitenden ländlichen Hotel-Restaurants. Pro Person muss man für Halbpen-

sion mit 70 € rechnen: www.direct corsica.com.

Die Ausstattung der Unterkünfte in den über 30 **Feriendörfern**, die überwiegend an der Ostküste sowie im Küstenbereich um Calvi angesiedelt sind, ist sehr unterschiedlich. Man sollte sich daher vorab genau informieren.

Es gibt Campingplätze aller Qualitätsstufen, wobei die gut ausgestatteten überwiegen. In der Regel handelt es sich um Familienbetriebe. Große Anlagen findet man bei Calvi und an der Ostküste. Etliche sind hier auf FKK-Urlauber ausgerichtet. Für den Wanderer stehen im korsischen Nationalpark (Parc Régional de la Corse) 23 »**gîtes d'étape**« (Etappenlager) zur Verfügung. Eine Übernachtung kostet 35 bis 40 € mit Halbpension (www.gite-etape.com). Die »**gîtes ruraux**« (ca. 1200 Betten) liegen in der Nähe eines Bauernhauses oder eines Dorfes. Die einfach eingerichteten Ferienhäuser werden möbliert vermietet und besitzen immer eine Waschgelegenheit und eine Toilette. Information und Anmietung bei der Centrale Réservation Loisirs Accueil oder bei den Eigentümern. Die Broschüre »Gîtes de France: Corse« ist erhältlich bei allen Tourismusämtern.

Einige »**couvents**« (Klöster) nehmen Gäste auf. Unterkunft und Essen sind einfach, die Atmosphäre freundlich und familiär.

Empfehlenswerte Hotels und andere Unterkünfte finden Sie bei den Orten im Kapitel ▶ **Unterwegs auf Korsika**.

Preise für ein Doppelzimmer mit Frühstück:

€€€€ ab 120 €	€€ ab 55 €
€€€ ab 90 €	€ bis 55 €

Essen und Trinken

Die Insel ist ein Schlaraffenland für Freunde der ursprünglichen korsischen Küche, die sich durch deftige Gerichte auszeichnet. Dazu werden kräftige Weine und süße Liköre gereicht.

◄ Korsische Wurstspezialitäten erhalten ihren besonderen Geschmack durch die Zugabe von speziellen Gebirgskräutern.

Die Korsen ziehen ihre einfache, deftig-würzige und sehr schmackhafte einheimische Küche der des Mutterlandes vor. In den Dörfern und kleineren Städten wird traditionell mit Olivenöl und den Kräutern der Macchia wie »népita« (Bergmelisse), »alloru« (Lorbeer) oder »morta« (Myrte) gekocht und gebraten. Und aufgedeckt wie früher: mit der einzigartigen »**charcuterie corse**« aus dem Fleisch frei herumlaufender Schweine, dem mit Speck gespickten »**lonzo**« (Schweinefilet); dem »**prisuttu**« (roher Schinken), zu dem frische Feigen serviert werden; den dunklen »**figatelli**« (geräucherte Wurst aus Nieren, Herz und Leber); dem würzigen Ziegenfleisch und deftigen Eintöpfen; den »**pivarunata**« aus Corte (Ragout aus Zicklein mit Paprikaschoten), der schmackhaften »**pâté de merle**« (Amselpastete mit Myrte gewürzt); Fischsuppen wie der »**aziminu**« (eine Suppe aus Mittelmeerfisch); Muscheln und Seeigel an den Küsten, Bachforellen im Landesinneren, Langusten vom Cap Corse und Bonifacio.

Vielseitige Küche

Die Pasta ist so gut wie in Italien, der »**stufatu**« (Nudeltopf), bei dem abwechselnd Fleischragout mit Nudeln und Reibkäse geschichtet wird, die »**suppa corsa**« (eine Art Minestrone), die »**pulenta**« aus Maronenmehl, der würzig-aromatische »**brocciu**«, ein Frischkäse aus Schaf- und Ziegenmilch, mit dem Omelettes, Kuchen, Pfannkuchen und Krapfen gefüllt werden. Nicht nur in der Karwoche

zu empfehlen sind die »**canistrelli**« (mit Anis gewürzte Mandel- und Haselnussplätzchen). Die korsische Küche lohnt sich gerade in abseits gelegenen Restaurants und Familienlokalen.

Die Restaurants haben in der Regel über Mittag von 12 bis ca. 14 bzw. 15 Uhr geöffnet und abends von 19 oder 20 bis ca. 23 Uhr.

Korsische Weine

Die korsischen Weine sind kräftig und körperreich, aber nicht allzu schwer. Als erstes Anbaugebiet konnte sich Patrimonio das Gütesiegel einer **Appellation d'Origine Contrôlée** (A.O.C.) erkämpfen.

WUSSTEN SIE, DASS …

… auf Korsika zu 90 Prozent Rotweine angebaut werden? Sieben Prozent der Weine dürfen das Prädikat A.O.C. tragen.

Pastis und Eaux de Vie

Der klassische Aperitif ist noch immer der Pastis (»**Pastizzata**«), süße Liköre wie »**Cédratine**« (aus der Zedratfrucht) sowie der leicht parfümierte Myrtenlikör (»**Murtellina**«) und der Kastanienlikör (»**Castagnja**«) erfreuen sich großer Beliebtheit. Unverzichtbare »**pousse-cafés**« sind »**Eaux de Vie**« (Klare) aus Macchia-Kräutern und ein Marc.

Empfehlenswerte Restaurants finden Sie bei den Orten im Kapitel ▶ **Unterwegs auf Korsika**.

Preise für ein dreigängiges Menü ohne Getränke:

€€€€ ab 45 €	€€ ab 15 €
€€€ ab 30 €	€ bis 15 €

grüner
reisen

Wer zu Hause umweltbewusst lebt, möchte dies vielleicht auch im Urlaub tun. Mit unseren Empfehlungen im Kapitel grüner reisen wollen wir Ihnen helfen, Ihre »grünen« Ideale an Ihrem Urlaubsort zu verwirklichen und Menschen zu unterstützen, denen ein verantwortungsvoller Umgang mit der Natur am Herzen liegt.

Sanfter Tourismus auf der Île de Beauté

Korsika hat sich seit Jahrzehnten den Ruf, eine Insel für Individualisten zu sein, bewahrt. Das war sicher möglich, weil die Korsen ihre Freiheit und Eigenständigkeit lieben und alles dafür tun, sich diese zu erhalten. So wurden im Laufe der Zeit die privaten Unterkünfte ausgebaut und verlassenen Bergdörfern durch landestypische Herbergen und die Ansiedelung heimischer Künstler neues Leben eingehaucht. Durch die Restaurierung der alten Maultierwege, die in den Bergen die Dörfer miteinander verbanden, wurde ein großer Beitrag für den sanften Tourismus auf der »Insel der Schönheit«, wie Korsika gerne genannt wird, geschaffen. An vielen Orten besinnt man sich der heimischen Küche, die an der Küste aus Fisch und Meeresspezialitäten besteht und im Landesinneren eher deftig ist, gewürzt mit den charakteristischen Kräutern der Macchia. Bevorzugt werden hiesige Produkte verwendet. So ist das Kastanienmehl, das einst die Grundlage der Ernährung der Inselbewohner bildete und aus dem die verschiedensten Speisen zubereitet wurden, wieder im Kommen. Es verleiht den Backwaren eine ganz besondere Note.

ÜBERNACHTEN

Paesotel E Caselle   ▸ S. 114, B 12

Im Herzen Korsikas liegt dieses Kleinod, das mit drei Sternen gekrönt wurde. Die verwinkelte Bauweise mit schrägen Dächern, die von Schieferplatten der Umgebung gedeckt wurden, ist typisch für die Region. Die Verzierung der Fassade mit runden Steinen aus dem nahen Bach gibt der Anlage im Grünen die besondere Note. Wer Ruhe sucht, aber nicht auf Aktivitäten in der Umgebung verzichten möchte, kann ein breites Angebot nutzen und bekommt im Hotel noch einen Swimmingpool, Sauna und Tennisplatz als Zugabe. Das moderne Interieur der Zimmer steht im spannenden Kontrast zu dem rustikalen Äußeren. Diese Gegensätze werden konsequent im Restaurant fortgesetzt. An lauen Sommerabenden kann der Außenbereich unter alten Bäumen zum Ort der Entspannung werden. Wer ganz umweltbewusst reisen möchte, kann Venaco mit der korsischen Eisenbahn vom Hafenort Bastia oder Ajaccio aus erreichen. Die historische Schmalspurbahn fährt auch nach Corte und hält an den zahlreichen Ausgangspunkten für Bergtouren.
Venaco • Tel. 04 95 47 39 00 • www.e-caselle.com • 30 Zimmer, 17 Studios • €€€ • ♿

ESSEN UND TRINKEN

La Ferme de Campo di Monte
    ▸ S. 114, C9

Das kleine Restaurant, von Eichen und Kastanien umgeben, ist stilecht in einem ehemaligen Bauernhaus untergebracht. Es liegt hoch über Murato und bietet einen wunderschönen Ausblick auf den Golf von St-Florent. Pauline, »la patronne«, serviert in den gemütlichen Gastzimmern jeden Abend ein mehrgängiges korsisches Menü aus regionalen Spezialitäten: Wildschwein, luftgetrockneter Schinken, Ziegen- und Schafskäse, frische Feigen ... Der kleine Familienbetrieb erfreut sich höchster Beliebtheit, eine Reservierung (am besten einige Wochen im Voraus) ist daher dringend empfohlen.
Murato • Tel. 04 95 37 64 39 • www.fermecampodimonte.com • €€€

Osteria U Mulinu   ▸ S. 113, D 5

Das urige Restaurant ist in einer der ältesten Ölmühlen Korsikas eingerichtet, die auf 400 Jahre geschätzt wird. Derbe Balkendecke, Steinfußboden und korsisches Mobiliar verleihen dem kleinen Raum eine private Atmosphäre. Joseph Ambrosini zaubert auf seinem Gaskocher köstliche Menüs aus regionalen Zutaten und serviert sie samt Wein zum Einheitspreis (es wird pro Abend nur ein Menü angeboten). Das Original, das in korsischer Tracht gekleidet ist, unterhält zudem seine Gäste auf ungewöhnliche Weise, wenn er mit den Tellern jongliert oder auf seiner Violine spielt. Das Mühlenrestaurant befindet sich im schönsten Teil der Balagne am östlichen Ortsrand von Feliceto. Wer hier einen ungewöhnlichen Abend verbringen möchte, sollte vorher reservieren und die Anfahrt zum Tagesausflug machen.
Feliceto • Tel. 04 95 61 73 23 • Di geschl. • €€

EINKAUFEN

Laboratoire et Musée de la Parfumerie Cyrnarom   ▸ S. 35, b 1

Die Parfümerie Cyrnarom ist mehr als nur ein Parfumgeschäft und Besitzer Guy Cecchini ein korsisches Original. Sein Handwerk hat er in der Parfum-

hochburg Grasse auf dem französischen Festland gelernt. Seit nun mehr als 30 Jahren stellt er in Bastia die unterschiedlichsten Duftwässerchen und Kosmetika aus heimischen Pflanzen her. Dabei legt er auf beste Ware und reine Zutaten Wert. Wer sich lange an dem typischen Duft der korsischen Macchia erfreuen möchte, der wählt »Macchjedu«, das die Essenzen der Macchia in einer ganz besonderen Komposition vereint. Im »Laboratoire« von Monsieur Cecchini kann man noch tiefer in die Geheimnisse des Duftmischers vordringen. Drei Monate im Sommer zeigt er gerne, was sich seit 1973 bei ihm alles angesammelt hat. Zur Überraschung der Besucher erzählt er voller Begeisterung auch auf Deutsch.
Bastia, 29, ave. Émile Sari • Tel. 04 95 31 39 30

FESTE UND EVENTS
A Santa di u Niolu   ▶ S. 113, E7

Im Laufe des Jahres feiern viele Orte ihre eigenen lokalen Kirchenfeste, ihre Stadtheiligen oder den Kirchenpatron mit eigenen Wallfahrten. Das »A Santa di u Niolu« gilt als eines der größten Feste Korsikas. Im Mittelpunkt steht die Ehrung der Heiligen des Niolu am 8. September im Weiler Casamaccioli. Schon Tage vorher herrschen ganz ungewöhnliche Aktivitäten auf dem Platz vor der Kirche, die Stände werden aufgebaut und alles für den großen Tag vorbereitet. Da kann es sein, dass sich die Korsen zusammenfinden, um spontan ihre traditionellen Lieder zu singen – mehrstimmig. Das Fest zu Ehren der Schutzpatronin ist ein echt korsisches Volksfest, auf dem neben Gesängen und Spielen auch viele einheimische Produkte angeboten werden. Die Prozession beginnt mit einem

Gottesdienst, der traditionell in Paghiella gesungen wird. Dann wird die heilige Statue durchs Dorf getragen, begleitet von Tausenden Gläubigen und Schaulustigen. Der früher während dieses Festes stattfindende Dichter- und Sängerwettstreit wurde wiederbelebt und verleiht den Tagen eine ganz besondere Note.
Casamaccioli • 8. September

AKTIVITÄTEN
Parc Naturel Régional de Corse
▶ Klappe vorne

Kaum zu glauben, doch ein Drittel der Inselfläche wurde zum Parc Naturel Régional de Corse (PNRC) erklärt. Zu den Aufgaben des Regionalparks gehört der Kampf gegen die Waldbrände und gegen die Vernichtung der außergewöhnlichen Natur zugunsten des Tourismus, aber auch, die wirtschaftliche Entwicklung des Inselinneren zu unterstützen. So wurden weit über 100 Bergerien (Almhütten) renoviert und zahlreiche Wanderwege angelegt. Zum berühmten Fernwanderweg GR 20 sind die Wege »Tra Mare e Monti« und die Querverbindungen »Da Mare a Mare« hinzugekommen. In den letzten Jahren wurden auch kürzere Wanderwege angelegt und markiert, die meist auf den ehemaligen Maultierpfaden verlaufen, die früher abgelegene Inlandsdörfer verbanden. Die Almhütten und private Wanderherbergen bringen neue Impulse in die zum Teil weit abgelegenen Dörfer, die vom Aussterben bedroht sind.
Durch den Schutz seltener Tiere und Pflanzen, die zum Teil auf Korsika endemisch sind, konnte sich das Mufflon weiter verbreiten und der Rothirsch wieder eingegliedert werden. Am Eingang des Ascotals wurde Moltifao zum »Dorf der Schildkröten«, weil dort die

Entspannende Stunden unter alten Bäumen kann man bei gutem Essen auf der rusti-kalen Terrasse des Paesotel E Caselle (▶ S. 17) nahe Venaco genießen.

letzten Spezies zur Wiederansiedlung in der freien Natur gehalten werden. Von der Parkleitung werden einige interessante Bücher zur Tier- und Pflanzenwelt sowie gute Wanderbeschreibungen herausgegegeben.
Auskunft: Parc Natural Régional de Corse • Ajaccio, 2, rue Major Lambroschini BP 417 • Tel. 04 95 51 79 10 • www.parc-naturel-corse.com

Réserve naturelle de Scandola
▶ S. 112, A 7

Unter der Aufsicht des Parc Naturel Régional de Corse steht auch die an der Westküste gelegene Halbinsel La Scandola. Nur vom Boot aus ist das Naturreservat zu sehen. In diesem 82 km langen Bereich der Westküste, der zwischen Piana und dem Massiv Argentella liegt, sind Fischadler, Haubenkormorane, ja sogar Mönchsrob-

ben und blaue Delfine zu Hause. Auch die Korallenmöwe, die seltenste Möwenart weltweit, ist hier zu finden. La Scandola ist das älteste Naturschutzgebiet Korsikas und 1983 von der UNESCO zum Weltnaturerbe erklärt worden.
Entstanden ist das Gebirge der Halbinsel vor 250 Millionen Jahren. Mit seinen roten Felsen, die steil aus dem Meer aufsteigen, bestätigt es Korsikas Ruf als »Gebirge im Meer«.
Die Ausflugsboote fahren ab Ajaccio, Calvi, Gáleria, Propriano und Porto und machen einen Zwischenstopp in der Bucht von Girolata, die sonst nur auf einer mehrstündigen Wanderung zu Fuß zu erreichen ist.
Auskunft: Parc Natural Régional de Corse • Ajaccio, 2, rue Major Lambroschini BP 417 • Tel. 04 95 51 79 10 • www.parc-naturel-corse.com

Einkaufen Schmuck, Korbwaren und Keramik
sind traditionelle Erzeugnisse der korsischen Kunsthandwerker, die man in Läden und auf Märkten erstehen kann.
Wein und Kulinarisches wird ebenfalls gerne gekauft.

◄ In der Altstadt von Calvi (► S. 50) laden zahlreiche Spezialitätengeschäfte und Boutiquen zum Shoppen ein.

Um das langsame Aussterben des **traditionellen Handwerks** zu verhindern und um die alten Handwerksberufe zu fördern, die verlassenen Dörfer im Landesinneren wirtschaftlich zu beleben und die Ausbildungsmöglichkeiten von jungen Kunsthandwerkern zu verbessern, haben sich Künstler 1964 zur **Corsicada**, einer Genossenschaft, zusammengetan, deren Sitz in Pigna in der Balagne ist. In den von ihnen betriebenen Kunsthandwerksläden (korsisch: »case di l'artigiani«) werden Schnitzereien, Töpferwaren, Kerzen, Körbe, Teppiche, Westen aus Lammfell, Löffel aus Kastanienholz, bunte Seidentücher und auch Öl und Honig verkauft.

Eine Casa di l'Artigiani oder Casa Paesana gibt es in allen größeren Städten und Orten. Sie sind auf jeweils unterschiedliche Handwerksarbeiten spezialisiert. **Webarbeiten** kauft man am besten in Bastia, Corte, Porto-Vecchio, Sant'Antonino und Venaco. **Möbel** gibt es in Ajaccio, Croce und La Porta, **Korbwaren** und **Keramik** in Ajaccio, Bastelicaccia, Bastia, Cargèse und Polveroso. **Korallenschmuck** sucht man am besten in Bonifacio oder Porto-Vecchio aus, **Töpferwaren** und Keramik in Monaccia d'Orezza und Farinola. Außerdem als willkommenes Mitbringsel für Daheimgebliebene zu empfehlen sind Gegenstände aus Oliven- oder Kastanienholz, Mineralien (Rhyolith, Porphyrit und Diorit), Stroh- und Weidenkörbe sowie wärmende Kleidung aus Wolle (Schals und Decken).

Aus dem sehr schönen Stein Augendiorit (diorit orbicularis), den es nur auf Korsika gibt, werden **Schmuckstücke** und allerlei Kunsthandwerk gefertigt. Sehr beliebt ist auch Schmuck aus rosafarbenen, weißen und schwarzen Korallen. Empfehlenswerte Schmuckgeschäfte sind in den Orten Saint-Florent und Bonifacio zu finden.

Köstliche kulinarische Spezialitäten

An kulinarischen Mitbringseln stehen zur Auswahl: Honig aus den Blüten der Macchia, Nugat, Olivenöl, Gewürze, Wurstwaren, Kastanienmarmelade, Orangen-, Pfirsich-, Nuss- und Myrtenwein oder -likör, Schaf- und Ziegenkäse.

Auf Korsika gibt es neun sogenannte A.O.C.-Gebiete (Appellation d'origine contrôlée). Nur diese **Weine** dürfen die Qualitätsbezeichnung »Vin de Corse« tragen, an die strenge Produktanforderungen gestellt werden, und doch hätten viele andere Weine dieses Prädikat verdient.

Wer direkt bei den Winzern verkostet, kann deshalb so manch edlen Tropfen preiswert bekommen.

Es gibt auf Korsika kein einheitliches Ladenschlussgesetz, doch die Mittagspause – zwischen 12 und 15 Uhr – ist auch den Korsen heilig. Dafür öffnen die Geschäfte am Samstagnachmittag, die Bäcker sogar am Sonntagvormittag. In Urlaubszentren haben viele Shops und Boutiquen auch über Mittag und bis spätabends geöffnet.

Empfehlenswerte Geschäfte und Märkte finden Sie bei den Orten im Kapitel ► **Unterwegs auf Korsika**.

Feste und Events
Prozessionen zu Ehren der Schutzheiligen und die kirchlichen Feiertage sind feste Bestandteile des Festtagskalenders der Insel. Aber auch Napoleon wird als wichtigster Korse entsprechend geehrt.

◄ Jedes Jahr am 2. Juni findet in Ajaccio eine Prozession zu Ehren des Schutzheiligen Sankt Erasmus (► S. 23) statt.

MÄRZ/APRIL
Notre-Dame de la Miséricorde, Ajaccio

Fest der Schutzpatronin der Stadt.
18. März

Gründonnerstagsprozession

Segnung der Canistrelli in Calvi, Büßerprozession des »Toten Christus« in Corte.

Karfreitagsprozession

Osterzeremonien in Cargèse, Prozessionen in Calvi, Bonifacio, Erbalunga (morgens und abends) und Sartène.

MAI
Todestag Napoleons, Ajaccio

Messe zu Ehren Napoleons.
5. Mai

Wallfahrt zur Église Sainte-Restitude, Calenzana

Prozession zu Ehren der hl. Restituta.
1. So nach dem 21. Mai

JUNI
Saint-Erasme

Der Schutzheilige der Fischer und Seeleute wird geehrt.
2. Juni • Ajaccio, Bastia, Propriano

Jazzfestival, Calvi

Funky-, Manouche- und Latino-Jazz.
Ende Juni/Anfang Juli •
www.calvi-jazz-festival.com

JULI
Festivoce, Pigna

Traditionelles Musikfestival.
Anfang–Mitte Juli •
www.casa-musical.org

Nationalfeiertag

Der Nationalfeiertag wird auf der Insel ganz groß gefeiert.
14. Juli

AUGUST
Geburtstag Napoleons, Ajaccio

Die Stadt ehrt ihren großen Sohn, der hier geboren ist.
15. August

Mariä Himmelfahrt

Volksfest in Bastia, Calvi, Sartène.
15. August

SEPTEMBER
A Santa di u Niolu

► grüner reisen, S. 18

Wallfahrt zur Notre-Dame-de-Grâces, Lavasina

Nächtliche Fackelprozession am Vorabend des 8. Septembers, die mit einer Mitternachtsmesse endet.
7./8. September

MERIAN-Tipp

MITTELALTERLICHES KARFREITAGSSPEKTAKEL

Am späten Abend beginnt die Prozession, wenn sich der »Catenacciu«, der Gekettete, mit seinem schweren Kreuz auf den Bußgang macht, der den Weg Christi nach Golgatha nachvollziehen soll. Niemand weiß, wer unter dem roten Kapuzengewand (»cagoule«) steckt und warum er diese »Strafe« auf sich nimmt. Die Prozession zieht von der Marienkirche bis zur Kapelle Saint-Sébastien und zurück.
Sartène

Sport und Strände Die schönsten
Buchten liegen an der Westküste. Die Berge im Landesinneren laden zum Wandern ein, und die Bergstraßen
zählen zu den großen Herausforderungen für Radfahrer.

◄ Mit spektakulären Ausblicken werden die Anstrengungen der Mountainbiker auf den Bergstraßen Korsikas belohnt.

Traumstrände an der gesamten Westküste vom Cap Corse bis Bonifacio, südseeblaues Wasser und feine weiße Strände im Osten – doch Korsika-Liebhaber kommen heute nicht allein wegen der Strände und Badebuchten auf die Ferieninsel – Korsika ist auch ideal für Wassersport und Bergwanderungen.

DRACHENFLIEGEN/PARAGLEITEN

Geeignete Reviere für Drachenflieger und Paragleiter liegen bei L'Île Rousse, Ajaccio und bei Bastia.

Cime Ale ► S. 115, E 11

Cervione, Casa Comunale • Tel. 06 76 03 53 19 • http://cimeale. free.fr

Altore ► S. 111, E 3/4

Saint Florent • Tel. 06 88 21 49 16 • www.altore.com

KAJAK/KANU FAHREN

Die korsischen Wildflüsse sind schweres, häufig extrem schweres Wildwasser, das nur in seinen Unterläufen leichter zu befahren ist. Achtung: Manche Wildflüsse können abschnittsweise leicht, schwer und sehr schwer sein! Informationen bei:

Cors'Aventure

Tel. 04 95 25 91 19 • www.corse-aventure.com

KLETTERN

Könner zieht es zum Col de Bavella, in die Gegend um Corte, ins Vallée de la Restonica oder zu den Felsen der Sanguinaires. Das Klettern in der Calanche ist nur etwas für hartgesottene Sportler. Die besten Gebiete sind in der Broschüre »Escalades Choisies« beschrieben, erhältlich bei Omnisport in Corte.

Comité Regional Corse Montagne et Escalade ► S. 116, C 15

Syndicat Intercommunal du Niolo • Calacuccia, Rte de Cuccia • Tel. 06 22 50 20 29 • www.ffme-crcorse.org

RAD FAHREN

Seit 1. September 2008 muss jeder Radfahrer in Frankreich die EU-konforme Warnweste tragen. Die Weste ist außerhalb geschlossener Ortschaften nachts, in der Dämmerung sowie bei Nebel und Regen auch am Tag Pflicht.

Radfahren ist die beste Art und Weise die Insel kennenzulernen – für alle, die sich selbst durch extreme Steigungen und Gegenwind nicht erschüttern lassen. Auch für das Mountainbike bietet Korsika auf den Waldwegen und abgelegenen Bergstraßen gute Möglichkeiten:

Tex Racing Diffusion ► S. 120, A 21

Touren mit dem Mountainbike, Fahrrad, Roller oder Motorrad. Porto Pollo, Centre du Village • Tel. 04 95 26 48 30 • www.tex-racing.com

RAFTING

Auf den Flüssen Golo und Tavignanu treffen sich die Rafting-Freaks. Touren können gebucht werden bei:

Objektif Nature ► S. 111, E 3

Bastia, 3, rue Notre Dame de Lourdes • Tel. 04 95 32 54 34 • www.objectif-nature-corse.com

SEGELN

An den Küsten Korsikas gibt es fast überall Gelegenheiten zum Segeln. Vorsicht: Die Strömung macht auch geübten Seglern stark zu schaffen. Information gibt die Broschüre »Corse nautique« (in allen Tourismusbüros) oder:

Ligue Corse de Voile
Ajaccio, Plage de la Viva • Tel. 06 98 99 31 08 • www.liguecorse devoile.org

TAUCHEN/SCHNORCHELN

Korsika ist ein Paradies für passionierte Taucher und Schnorchler. Das klare Wasser bietet Sichtweiten bis zu 30 m. Zahllose Fischarten, Korallen und Wasserpflanzen, auch interessante Felsformationen und sogar einige Wracks mit römischen Amphoren kann man in Porto-Vecchio und Calvi, im Golf von Porto und bei Bonifacio entdecken. In fast jedem größeren Küstenort gibt es mittlerweile Tauchschulen, unter französischer, aber auch unter deutscher Leitung. Eine Auswahl:

BONIFACIO
Ateliers Barakouda
Bonifacio • Avenue Sylvère Bohn • Tel. 04 95 73 19 02 • http://club. barakouda.free.fr

PORTO-VECCHIO
Plongee Nature
Porto-Vecchio, 9, route de l'Ancienne Douane Le Port • Tel. 06 64 43 26 04 • www.plongee-nature.com

L'ÎLE ROUSSE
Beluga Diving
Die Schule wird von dem Ehepaar Gerda und Hans Berz geführt.

L'Île Rousse • Abri du port • Tel. 04 95 60 17 36 • www.beluga-diving.com

WANDERN

Korsika bietet Wandermöglichkeiten jeder Schwierigkeit, von kurzen Spaziergängen an der Küste bis zu hochalpinen Touren im Gebirge. Der **GR 20** 🔟 (▶ S. 91) gehört zu den berühmtesten Fernwanderwegen Frankreichs. Der Wanderweg **Tra Mare e Monti** verläuft entlang der Westküste (Conca–Cargèse) und ist besonders im Frühjahr ein großartiges Erlebnis (▶ MERIAN-Tipp, S. 27). Weitere Wege wurden in den letzten Jahren für Wanderer erschlossen und markiert. Im Alta Rocca mit Ausgangspunkt Levie, Zonza wurden zum Teil alte Pfade wieder frei gelegt. Als Stützpunkt für Tageswanderungen bietet sich Corte und das Restonicatal an. Erforderliche Wanderkarten: IGN-Karten Corse Nord/Sud Nr. 73 und 74. Weitere Informationen bei:

Parc Naturel Régional de la Corse (Service Randonnée)
▶ grüner reisen, S. 18

WINDSURFEN

Das Mekka der Surfer sind die große Bucht von Porto-Vecchio, die Baie de Cipriano nördlich und der Golf de Santa Giulia südlich von Porto-Vecchio. Die weite Bucht von Calvi 👫 bietet sich für Einsteiger an. Ebenso Algajola und Galeria. Der Golf von Ajaccio und Valinco bietet den Vorteil, auflandigen Wind aus drei verschiedenen Richtungen zu haben. Gute Meerzugänge. Die Südspitze bei Bonifacio wird bei Mistral und Scirocco zum Treffpunkt der Freaks.

STRÄNDE

Ein Drittel der rund 1000 km langen Küste Korsikas ist Badestrand, fast überall mit klarem, sauberem Wasser. An der Ostseite handelt es sich vorwiegend um flache, kilometerweite Sandstrände, die nur an wenigen Stellen von Felsen gesäumt oder unterbrochen werden. An der Westseite sind sie überwiegend felsiger Natur mit einigen schönen kleineren Sandbuchten. Im Nordwesten, zwischen Calvi und dem Cap Corse, liegen lange Sandstrände und felsige Partien. Im Süden bei Ajaccio, Cargése, Sagone und Propriano gibt es schöne weite Buchten. Badeschuhe nicht vergessen!

Étang de Diane ▸ S. 119, E 17

Auf der Höhe von Aléria liegt die Naturisten-Anlage Riva Bella mit einem schönen Strand.

La Marane ▸ S. 115, E 9

20 km südlich von Bastia, am Ende eines langen Sandstreifens, 20 m breit und begrenzt vom Étang de Biguglia. Gut geeignet für Familien mit Kindern.

Plage de Balestra ▸ S. 121, E 24

Feiner Sand, aber auch felsig. Eine schöne Sandbucht ist der Strand von **Tonnara**, 2 km Richtung Sartène.

Plage de Calvi ▸ S. 112, C 5

5 km langer Strand in der Bucht von Calvi, von Pinien begrenzt.

Plage de Liamone ▸ S. 116, C 14

Heller Sand, teilweise mit Algenablagerungen, 3 km lang, in einer Felsenbucht. Herrliche Brandung. Aber Achtung: Nur für geübte Schwimmer geeignet!

MERIAN-Tipp

WANDERWEG TRA MARE E MONTI

Die korsische Bezeichnung für die schönste Küstenwanderung der Insel. Zwischen Meer und Gebirge verläuft der gut markierte Wanderweg teilweise auf alten Maultierpfaden entlang der Westküste. Oft durch die Macchia, die im Frühling (April, Mai) ihre ganze Blütenpracht ausbreitet und betörend gut duftet. Man ist versucht, an jeder Pflanze stehen zu bleiben und dran zu riechen. Immer wieder führt die Route in höhere Regionen, über kleine Pässe, um dann in ein Tal, zu einem Bach oder am Meer erneut anzusteigen. Doch es ist in der Regel keine Kraxelei wie im Gebirge, und man wird mit atemberaubenden Ausblicken belohnt (▸ Touren und Ausflüge, S. 90).

Plage de la Roya ▸ S. 111, D 4

Die Plage de la Roya bei Saint-Florent hat feinen, hellen Sand. Sie ist 2 km lang und bietet einen schönen Blick auf den Ort. Tauchschule.

Plage de Palombaggia
▸ S. 121, F 23

12 km südlich von Porto-Vecchio, feiner, weißer Sand, 2 km lang, eingerahmt von Felsen, Dünen und gewaltigen Pinien.

Plage de Péro ▸ S. 116, B 13

Bei Cargése erstreckt sich dieser breite Sandstrand in einer herrlichen Bucht, die von Felsen und genuesischen Türmen eingerahmt ist.

Familientipps

Korsika eignet sich wunderbar für einen Familienurlaub. Hier kann man am Strand spielen, mit der Micheline die Insel erkunden oder sich sportlich betätigen – Naturerlebnisse eingeschlossen.

◀ Ein besonderes Erlebnis für pferde-
begeisterte Kinder sind Ausritte, die
überall auf Korsika angeboten werden.

FERIEN AUF DEM BAUERNHOF

Eine gute Alternative zum Strand-
urlaub sind die Ferien auf dem
Lande (»gîtes ruraux«) oder Ferien
auf dem Bauernhof, wo nicht nur
Großstadtkinder Bekanntschaft mit
dem ursprünglichen und zuweilen
rauen und archaischen Land- und
Familienleben schließen können.

FREIZEITPARK

Acqua Cyrne Gliss   ▶ S. 117, D 15

Lachende Kinder sind im kleinen
Vergnügungspark Acqua Cyrne Gliss
in Porticcio das Zeichen von größ-
ter Begeisterung: Die acht Wasser-
rutschen sind Domäne der Kinder,
Erwachsene haben so gut wie keine
Chancen.

Porticcio, Route de département-
tale 55 • www.acqua-gliss.com •
Juli/Aug. tgl. 10.30–19 Uhr Eintritt
20 €, Kinder 16 €

HOCHSEILGARTEN

Parc Aventure   ▶ S. 118, E 22

Eine besondere Attraktion für Kinder ist der im Hinterland von Porto-
Vecchio gelegene Hochseilgarten. Es
gehört schon eine Portion Mut dazu,
sich mittels Drahtseilen weit über
dem Boden zu hangeln.

Porto-Vecchio, L'Ospédale • www.
xtremsud.com • Mai–Sept. • Halb-
tageskarte 18–22 €, Kinder 12 €

INSELBAHN MICHELINE

Ein Höhepunkt für Kinder (und
Erwachsene) ist sicherlich die Fahrt
mit der einspurigen Inselbahn »Micheline« quer über die Insel. (▶ Im
Fokus, S. 58)

INSELRUNDFAHRT

Zeigen und erklären Sie Ihren Kindern auf einer Inselrundfahrt mit
dem Bus oder dem Auto die Insel,
halten Sie immer wieder an, am
besten bei den atemberaubenden
Aussichtspunkten. Erkunden Sie mit
dem Rad die Schönheiten Korsikas,
radeln Sie mit den Kids zum Beispiel zu der prähistorischen Stätte
von **Filitosa** 🟥6 (▶ S. 73) und ihren
rätselhaften Steinmonumenten oder
besuchen Sie mit ihnen das kleine
Bergdorf Lama (▶ MERIAN-Tipp,
S. 41), wo Korsen und Fremde gemeinsam versuchen, die korsische
Kultur wiederzubeleben.

REITEN

Für Ausritte gibt es ausgezeichnete
Möglichkeiten in Bastia, Baracci, Levie, Propriano, Sagone, Sartène, Serra di Scopamene, Solenzara, Venaco,
Zicavo, Zonza. Eine Reitstunde kostet zwischen 15 und 30 €, ein Halb-
tagesausritt zwischen 40 und 55 €.

**Comité Regional Corse
d'équitation**   ▶ S. 116, C 15

Ajaccio, 19, av. Noël Franchini • Tel.
04 95 22 28 35 • www.cre-corse.com

STRÄNDE

Wer Familienferien auf Korsika ver-
bringt, besucht die Insel meistens der
Strände wegen. Man sollte jedoch
nicht sorglos sein: Viele sind nach-
lässig oder gar nicht bewacht und ge-
fährlich wegen der Unterströmung.
Die ewig langen Sandstrände entlang der Ostküste faszinieren Kinder besonders, doch auch im Westen
bei Calvi, Propriano, am Golf von
Sagon, L'Île Rousse, Saint-Florent
und bei Porto-Vecchio befinden sich
herrliche Sandbuchten.

Zu Zeiten der Römer ein strategisch wichtiger Hafen: Blick von der Citadelle auf
die vom Abendrot beleuchtete Altstadt
und die Marina von Calvi (▸ S. 50).

Unterwegs
auf Korsika

Berg, Meer, Sand- und grandiose Felsenküste: Die Insel im Mittelmeer bietet alles auf engstem Raum. Und trotzdem hat sich kein Massentourismus eingestellt.

Bastia und der Norden
Voller Gegensätze präsentiert sich der Norden. Hier gibt es die längsten Sandstrände, während das Cap Corse wie ein Korsika im Kleinen alle Eigenschaften der Insel vereint.

◄ Lebendig geht es im alten Hafen von Bastia zu, der von der Kirche Saint-Jean Baptiste (▶ S. 34) überragt wird.

Südlich der italienisch angehauchten Hafenstadt Bastia beginnt der längste Sandstrand der Insel, weit über 100 Kilometer mit FKK-Anlagen. Der Küstenabschnitt bis Solenzara ist weitgehend flach mit Weinfeldern und Zitrusplantagen, Muschelzucht in den Étangs. Im hügeligen Hinterland erstrecken sich die größten Kastanienwälder der Insel mit abgeschiedenen Orten. Südlich Solenzara reichen die Hügel bis ans Meer, teilweise Felsbuchten mit eingestreuten Sandstränden. Das Cap Corse im Norden Bastias gleicht einem Korsika in Miniatur.

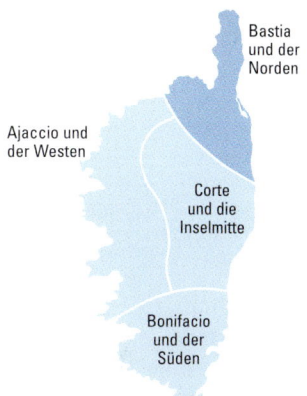

Bastia ▶ S. 111, E 3/4

60 000 Einwohner
Stadtplan ▶ S. 35

Bastia ist die größte Stadt und wirtschaftliches Zentrum Korsikas, sowie Hauptstadt des Départements **Haute-Corse.** Ihren italienischen und ursprünglichen Charakter bewahrt die Stadt am besten um die Zitadelle, das Viertel um den alten Hafen, auch **Terra Vecchia** genannt, und die **Place Saint-Nicolas.** Im Sommer lebt Bastia im Rhythmus der Fähren: Wenn die Fährschiffe im Sommer täglich 7000 Autos und 20 000 Menschen ausspucken, scheint die Innenstadt überzuquellen. In den Cafés sind alle Plätze besetzt, und in den Läden des **Boulevard Paoli** wird das große Geschäft gemacht.

Bastia ist eine junge Stadt mit einer altehrwürdigen Vergangenheit: Nachdem das römische Mariana wegen der Malaria und der piratengefährdeten Lage aufgegeben und

Biguglia von den Korsen zerstört worden war, bestimmte man 1372 den Hafenort Cardo als neue Stadt und errichtete einen Festungsturm (ital. bastiglia), daher der Name der Stadt. Bis 1793 war Bastia die Hauptstadt Korsikas, von 1796 bis 1811 Kapitale des Départements Golo. Vom Hausberg, dem **Gerra di Pigno** (961 m), genießt man einen überwältigenden Blick über die Stadt, die Häfen und den **Étang de Biguglia.**

SEHENSWERTES

Chapelle Sainte-Croix
(Terra Nova) ▶ S. 35, c 5

Der Kirchenpatron ist der von den Fischern Bastias noch heute sehr verehrte »Christus der Wunder« (Christ des Miracles), ein schwarzes Kruzifix aus Ebenholz, das der Legende nach 1428 von zwei Fischern auf dem Meer treibend gefunden wurde. Zitadelle

Chapelle de l'Immaculée Conception (Terra Vecchia) ▶ S. 35, b 4

Ein Sonnenmosaik aus weißen, roten und schwarzen Kieselsteinen schmückt den Vorplatz vor der ein-

schiffigen Kapelle (1611). 1859 restauriert, bietet sie sich dem Betrachter wie ein Theater dar: üppige Gold- und Marmordekoration, getäfelte und mit Stoff bespannte Wände, eine freskengeschmückte Decke und die Kopie eines Gemäldes der Unbefleckten Empfängnis von Murillo über dem Hochaltar.
Rue Napoléon

Place Saint-Nicolas (Terra Vecchia)   ▸ S. 35, b 2/3

Auf dem von Straßencafés und Restaurants gesäumten Platz, einer über 300 m langen Esplanade, erheben sich ein Musikpavillon, Napoleon in Römertoga und weiter nördlich ein Kriegerdenkmal.

Saint-Jean Baptiste (Terra Vecchia)   ▸ S. 35, b 4

Die größte Kirche Bastias und Korsikas sticht mit zwei Glockentürmen, hoher klassischer Fassade und pompösen Dekorationen hervor (1583). Der mächtige Barockbau wurde im 18. Jh. mit Marmor, Gold, Stuck und illusionistischer Malerei dekoriert. Einige Gemälde der Sammlung des Kardinals Fesch, der Hochaltar und der Taufstein aus polychromem Marmor lohnen eine Besichtigung. In der Sakristei schöne Möbel des 18. Jh.
Place de l'Hôtel de Ville

Sainte-Marie (Terra Nova)   ▸ S. 35, c 5

Die 1495 vom Bischof von Mariana errichtete Kirche war von 1570 bis 1811 Kathedrale. Das prunkvolle Innere der dreischiffigen Kirche ist im genuesischen Barockstil des 17. Jh. ausgeschmückt. Die silberne Figurengruppe der Himmelfahrt Mariens (18. Jh.) im rechten Seitenschiff

wurde von dem italienischen Künstler Gaetan Macchi aus Siena angefertigt. Der Pisaner Künstler Fontana arbeitete das geschnitzte Chorgestühl (19. Jh.). Über dem Altar Sacré Cœur in der letzten Seitenkapelle links ein Gemälde der »Assomption de la très Sainte Viērge« (1512).
Zitadelle

SPAZIERGANG

Stadtplan ▸ S. 35

Von der **Place Saint-Nicolas** führt der Weg in die enge **Rue Napoléon** und ihre Verlängerung, die **Rue des Terrasses** mit ihrem bunten Durcheinander von Boutiquen und Kunsthandwerk. Linker Hand steht die **Chapelle Saint-Roch**, dann die prächtige **Chapelle de l'Immaculée Conception** mit dem weiß-rot-schwarzen Portal. Die quirlige Straße führt zum alten Hafen (Vieux Port) und dann zum Markt (Place du Marché). Am **Vieux Port** steht die **Église de Saint-Jean Baptiste**. Auf der anderen Seite führt am Ende der Häuserreihe eine schöne Doppeltreppe zur **Zitadelle** mit dem völkerkundlichen Museum hinauf.
Dauer: ca. 1 Std.

ÜBERNACHTEN

L'Alivi   ▸ S. 35, nördl. b 1

Direkt am Meer • 2,5 km nördlich des Stadtzentrums. Alle Zimmer mit Balkon und Seeblick. Feines Restaurant. Pool und Privatstrand.
Route du Cap – Ville de Pietrabugno • Tel. 04 95 55 00 00 • www.hotel-alivi.com • 37 Zimmer • ♿ • €€€€

Hôtel de la Corniche   ▸ S. 111, E 3

Komfortables Hotel • Nördlich von Bastia in San Martino di Lota gelegen. Gutes Restaurant.

Toga

L'Annonciade

Ste-Lucie

Chemin de l'Ann

Pietranera,
Cap Corse

Anse de Toga

Bd. du Général-Graziani

Av. Emile Sari

Préfecture

R. Luce de Casablanca

R. José Luccioni

Notre-Dame-
de-Lourdes

Nouveau Port

Bd. du Fango

Gare

Av. Mal. Sébastiani

Hôtel
de Ville

SNCF

R. Gabriel-Péri

R. Salicetti

R.
Paoli

Place
St-Nicolas

Marseille Nizza

Route de l'Usine à Gaz

Rue César Campinchi

Boulevard Général de Gaulle

P

P

Bassin St-Nicolas

Ch. de l'Hôpital Militaire

R. Miot

R. Miot

Chapelle
St-Roch

Terra

Quai
des
Martyrs

Bd. H. de Montera

R.
St-François

Chapelle de
l'Immaculée
Conception

Rue Napoléon

Bd. Benoîte Danesi

Sacré-
Cœur

Eglise de
St-Jean Baptiste

Place de
Marché

Quai du 1er Bataillon
de Choc

St-Florent

Boulevard Paoli

R. Gal.-Carbuccia

Rue de la Marine

Quai du Sud

Vieux Port

Palais
de Justice

St-Charles

Bd. A. Gaudin

Jardin
Romieu

Musée
d'Ethnographie
Corse

Citadelle

Terra Nova

Montée des Filippines

Pl. D. Vincetti

P

Chapelle
Ste-Croix

Place
d'Armes

Ste-Marie

Scala Santa

N

0   300 m

Bastia

Aéroport,
Porto-Vecchio

© MERIAN-Kartographie

San Martino-di-Lota • Tel. 04 95 31
40 98 • www.hotel-lacorniche.com •
20 Zimmer • im Jan. geschl. • €€€
6 km nördl. von Bastia

Les Voyageurs   ▶ S. 35, b 2

Gemütlich • Angenehmes Hotel im
Herzen der Stadt, die Zimmer sind
komplett renoviert.
9, av. Marechal Sebastiani • Tel. 04 95
34 90 80 • www.hotel-lesvoyageurs.
com • 24 Zimmer • ♿ • €€€

ESSEN UND TRINKEN

A Casarella   ▶ S. 35, b 5

Kreative Küche • Eine gute Adresse,
wo man eine einfallsreiche Küche zu
angemessenen Preisen genießt, im
Sommer vorzugsweise auf der Terrasse. In der Zitadelle gelegen.
6, rue Sainte-Croix • Tel. 04 95
32 02 32 • €€€

Chez Huguette – Le Vieux Port
                       ▶ S. 35, b 4

Romantisch • Exzellente korsische
Gerichte und köstliche Fischspeziali-
täten am alten Hafen.
Immeubles des Arcades (Vieux Port) •
Tel. 04 95 31 37 60 • €€ • So Abend
geschl.

Coté Marine   ▶ S. 35, b 4

Frische Meeresfrüchte • Korsische
Spezialitäten, aber man kann hier
auch Pizza bekommen. Von der Terrasse aus schöner Blick auf den Hafen.
2, rue de la Marine (Vieux Port) •
Tel. 04 95 33 66 65 • tgl. • €€

Lavezzi   ▶ S. 35, b 4

Hervorragende Fischgerichte • Hoch
über dem alten Hafen sitzt man in
diesem Restaurant mit Balkon.
8, rue Saint-Jean • Tel. 04 95 31
05 73 • So geschl. • €

EINKAUFEN

Laboratoire et Musée de la
Parfumerie Cyrnarom

▶ grüner reisen, S. 17

Marché   ▶ S. 35, b 4

Auf der Place de l'Hôtel de Ville im
alten Stadtteil ist jeden Tag bis mittags Markt. Große Auswahl.
Sa/So 5–12 Uhr

L. N. Mattei   ▶ S. 35, b 4

Im Traditionsgeschäft Mattei sind
alle korsischen Liköre erhältlich.
Place Saint-Nicolas

U Muntaagnolu   ▶ S. 35, b 3

Korsische Spezialitäten aus kleinen
Betrieben. Große Auswahl.
Rue César Campinichi

SERVICE
AUSKUNFT
Office du Tourisme   ▶ S. 35, b 2

Rue José Luccioni • Tel. 04 95 54
20 40 • www.bastia-tourisme.com

Ziele in der Umgebung

◎ La Canonica   ▶ S. 115, D 9

Die einstige Kathedrale **Santa Maria
Assunta**, die »Canonica«, 1119 vom
Erzbischof von Pisa eingeweiht, gilt
wegen ihrer reinen Linien, der har-
monischen Proportionen, des kargen Skulpturenschmucks, der dis-
kreten Polychromie und der kunst-
voll bearbeiteten Materialien als
Prototyp der romanischen Kirchen
pisanischen Stils auf Korsika. Bei
archäologischen Arbeiten wurden
Fundamente der römischen Siedlung Mariana freigelegt. Das doppel-
te Taufbecken im Baptisterium und
das Mosaik zeigen christliche Sym-
bole wie Fische, Hirsche, Delfine sowie die vier Flüsse des Paradieses.

Ein paar hundert Meter entfernt, auf einem Feld, steht die aus dem 9. Jh. stammende, kleine Kirche **San Parteo**, die ebenfalls über einem frühchristlichen Gotteshaus und einem zum Teil noch heidnischen Friedhof errichtet wurde. Schöne Apsis, an der Südseite zwei Löwenskulpturen.

Wallfahrten jedes Jahr am Pfingstmontag. Ruinen einer frühchristlichen Basilika aus dem 4. Jh. direkt vor der Kirchensüdseite.

Anfahrt vom Flughafen Bastia-Poretta oder von der Abzweigung zum Flughafen an der N 193 unmittelbar schräg rechts über die D 107 20 km südöstl. von Bastia

◎ **Cap Corse** **1** ▶ S. 111, D/E 1–3

Ein Gebirgszug teilt die 40 km lange und 13 bis 15 km breite Halbinsel, eine Art Miniaturausgabe von Korsika, in zwei Teile. Einmal um das Cap herum sind es 130 km, Kurve an Kurve. Das Cap überrascht durch malerische Sandkieselstrände, pittoreske Dörfer und kleine, in den Buchten liegende Häfen. So weit das Auge reicht, sieht man Terrassen mit Gärten, Weinbergen und Olivenhainen, unterbrochen durch pisanische und genuesische Wachtürme und hohe Berge: Monte Stello (1307 m), Cima di Folicie (1322 m) und Monte Alticcione (1139 m).

WUSSTEN SIE, DASS …

… in der Regierungszeit Genuas rund 150 Wachtürme entlang der Küste entstanden, um mittels Rauchzeichen vor Seepiraten zu warnen? Die Türme sind meist rund, bis 17 m hoch und der Eingang nur per Leiter zu erreichen.

MERIAN-Tipp **3**

MAISON SAINT-HYACINTHE
▶ S. 111, E 3

Wer würde nicht gerne einmal eine Nacht im Kloster verbringen? Ideal für alle, die nach langer Anreise abends in Bastia ankommen und die quirlige Betriebsamkeit der Stadt scheuen: Der polnische Konvent, in den Hügeln des Cap Corse gelegen, ist eine Oase der Ruhe und nimmt alle Gläubigen und »Ungläubigen« gleichermaßen herzlich auf. Einfache, aber gemütliche Zimmer und schmackhafte Mahlzeiten erwarten den Reisenden. Anfahrt auf der D 80 bis Miomo, von dort 2 km auf der D 31. San-Martino di Lota • Tel. 04 95 33 28 29 • www.maison-saint-hyacinthe.com • 45 Zimmer • €€ 6 km nördl. von Bastia

Es gibt eine Reihe von Orten am Cap Corse, die Sie unbedingt gesehen haben sollten: **Canari** (D 33) mit seiner romanischen Kirche Sainte-Marie-Assunta (13. Jh.) aus grünem Schiefer sowie der Kirche Saint-François mit vergoldetem Holztabernakel (17. Jh.) und einem Triptychon (15. Jh.) über dem Taufbecken. Versäumen Sie in Canari auf keinen Fall das entzückende Restaurant »U Scogliu« an der Marine de Canelle (Tel. 04 95 37 80 06). Auch **Ersa** (D 80) und **Miomo** mit seinem wuchtigen Genueserturm sind für (kunst-)historisch Interessierte lohnenswert. In der Wallfahrtskirche Notre-Dame-des-Grâces (17. Jh.) in **Lavasina** (D 80) hängt das Bild der Madonna von Lavasina (aus der

Schule des italienischen Meisters Perugino) über einem monumentalen Altarhaus aus schwarzem und weißem Marmor. In **Erbalunga** findet man einen Genueserturm am Meer. Das kleine Fischerdorf hat seine Idylle bewahren können.

Aus mehreren Ortsteilen besteht die Gemeinde **Luri** (D 180), die sich in einem grünen Tal ausbreitet, das zur Ostküste hin geöffnet ist. 6 km westlich von Luri steht der Seneca-Turm. In **Nonza**, 20 km nördlich von Saint-Florent an der D 80, steht die Kirche der hl. Julie, der Schutzheiligen Korsikas, mit einem wertvollen Marmoraltar (1694) und einem Gemälde der gekreuzigten Märtyrerin. Am nördlichen Ortsausgang findet man den Brunnen der Julia (über 160 Stufen zu erreichen): Einer Überlieferung nach wird er nie versiegen, weil das Wasser einst aus den Brüsten der Heiligen entsprungen ist und die Gärten von Nonza fruchtbar gemacht hat. Oberhalb des Ortes bietet

sich ein schöner Ausblick vom viereckigen genuesischen Wehrturm aus grünem Serpentin. Im Restaurant »Auberge Patrizi« serviert man aromatische Schweinsleberwürstchen und wunderbare Käsekrapfen (Tel. 04 95 37 82 16). Eine barocke Dorfkirche (15. Jh.) und ein genuesischer Turm liegen in windiger Höhe des Weinortes **Tomino** im Norden der Halbinsel.

Nördl. von Bastia

◉ Casinca   ▶ S. 115, D 9/10

Das mit Oliven und Edelkastanien bedeckte Hügelland zwischen Golo und Fium' Alto umfasst den Nordteil des Castagniccia-Berglandes und ist das am dichtesten besiedelte Gebiet der Insel. In **Castellare-di-Casinca** (D 106, 1 km westlich der N 198) sollten Sie die kleine romanische Kirche San Pancrazio mit dreifacher Apsis (10. Jh.) besichtigen. Von **Loreto-di-Casinca** (D 106) aus, einem malerischen Ort mit Kirche und Campanile, kann man einen großartigen Blick auf die Bergdörfer der Casinca genießen. Ein typisch korsisches Dorf mit Häusern aus dickem Schiefer ist auch **Vescovato** (D 237, 2 km westlich der N 198). Sehenswert sind hier der adlergekrönte Dorfbrunnen und die Kirche San Martino (15. Jh.).

23 km südl. von Bastia

◎ Castagniccia   ▶ S. 114/115, C 10−E 11

Im Nordosten erstreckt sich zwischen dem Fluss Golo und dem Tavignano das fruchtbare Bergland der Castagniccia, ein mediterraner Urwald, dessen riesige Kastanienwälder der Landschaft ihren Namen gegeben haben. Die Kastanie war bis zum

MERIAN-Tipp ★ 4

HOTEL CASTEL BRANDO
▶ S. 111, F 3

Bei Ihrem Besuch des Cap Corse lohnt hier ein Zwischenstopp. Das Hotel ist ein altes korsisches Palais aus dem 19. Jh., die Zimmer sind mit Antiquitäten ausgestattet. Teilweise Meerblick. Schöner Garten mit Palmen und Swimmingpool.
Erbalunga • Tel. 04 95 30 10 30 • www.castelbrando.com • 35 Zimmer, 6 Suiten • €€€€
9 km nördl. von Bastia

Die Einrichtung im Hotel Castel Brando (▶ MERIAN-Tipp, S. 38) stammt aus dem 19. Jh. und ist mit viel Liebe zum Detail von den Besitzern ausgesucht worden.

Ende des 19. Jh. der »Brotbaum« der Bauern; noch Mitte der 1950er-Jahre gehörten diese Wälder zu den bevölkerungsreichsten Gebieten der Insel. Heute bewohnen mehr Laufschweine als Menschen die Gehölze. Die Castagniccia, Heimat des Nationalhelden Pasquale Paoli, war im korsischen Unabhängigkeitskrieg ein Zentrum des Widerstandes. In den Klöstern Morosaglia, Orezza und Alesani versammelten sich die patriotisch gesinnten Bauern (»caporali«) bei den sogenannten »consultas«. Auch hier in der Castagniccia gibt es eine Reihe sehenswerter Orte, deren Kirchen und Kapellen einen Besuch lohnen. In der Pfarrkirche Saint-André in **Campana** (D 71) hängt hinter dem Altar ein dem Spanier Francisco Zurbarán (1598–1664) oder einem seiner Schule zugeschriebenes realistisches Gemälde »Anbetung der Hirten«. **Cervione** (D 71/D 330) hat in seiner romanischen Kapelle San-

ta-Cristina Fresken (15. Jh.), die als die besterhaltenen der Insel gelten. 1736 machte »König« Neuhoff Cervione zu seiner Hauptstadt. Im ehemaligen Bischofspalais befindet sich heute ein ethnografisches Museum. Eine frühromanische Kapellenruine (12./13. Jh.) mit einem Chorhaupt aus einem kleinteiligen, in Braun, Grau und Grün gehaltenen Schiefermauerwerk finden Sie in **Valle-di-Rostino** (D 15). Der kleine Ort **Felce** (D 71) hat eine schlichte, schiefergedeckte Dorfkirche mit vierstöckigem Glockenturm, im Kircheninnern naive Fresken. In dem schönen Bergdorf **Morosaglia** (D 71) steht das Geburtshaus von Pasquale Paoli, dort werden in einer kleinen Kapelle seine sterblichen Reste aufbewahrt, in den anderen Räumen persönliche Dinge und Dokumente. Im Ortsteil Stretta steht die mehrfach umgebaute Pfarrkirche Santa Reparata, die in ihrem

San Michele de Murato (▸ S. 41) gilt als die bekannteste romanische Kirche Korsikas und aufgrund ihrer Farbgebung auch als die eleganteste.

Mauerwerk noch einige skulptierte Steine aus dem Mittelalter zeigt. Auf dem Bogenfeld der Westtür bilden zwei ineinander verschlungene Schlangen (12. Jh.) eine kunstvolle Verzierung. Der »Kreuzweg« im Innern ist ein volkstümliches Werk des 18. Jh.

Die Kapellenruine **San Petru d'Accia** am Hang des Monte San Petrone gilt als die einstige Kathedrale des Bistums Accia, das 596 auf Veranlassung von Papst Gregor errichtet wurde. Die Grundmauern sowie ein großer Teil der Apsis stammen vom Ursprungsbau.

60 km südl. von Bastia

◎ Étang de Biguglia

▸ S. 111, F 4

Der flache See von Biguglia, eine 1500 ha große Lagune, ist für seine Aale, Meeräschen und Wolfsbarsche bekannt. Auf diesem Sandstreifen reihen sich Feriendörfer und Hotels an-

einander. In der Mitte des Sees liegt die bewohnte Insel **San Damianu**.

20 km südöstl. von Bastia

◎ Nebbio

▸ S. 111, D 4/E 4

Zwischen der macchiabewachsenen Felsenwüste der Agriates und dem Étang de Biguglia liegt die Terrassenlandschaft des Nebbio mit ihren lieb-

> ### WUSSTEN SIE, DASS ...
>
> ... das Nebbio nach dem Nebel (»nebbia«) benannt ist, der morgens oft schwer über den umliegenden Bergen liegt?

lichen Weinbergen, Olivenhainen, Obstgärten und Weiden. Die Dörfer in dem auch **Conca d'Oro** (Goldmuschel) genannten Gebiet liegen auf den Höhen am Rand des Aliso-Beckens. Nicht nur für Archäologen etwas Besonderes ist in **Patrimonio** (D 81) der rätselhafte, 2,29 m

große Menhir Nativu aus Kalkstein mit deutlich markierten Schultern, skulptierten Ohren und markantem Kinn. Die Kriegerstatue wurde 1964 bei Planierungsarbeiten gefunden.
Westl. von Bastia

SEHENSWERTES
San Michele de Murato
▶ S. 114, C 9

Im Herzen des Nebbio liegt die malerische, orientalisch anmutende Kirche San Michele de Murato 475 m hoch auf einem Gebirgsvorsprung. Der Überlieferung nach soll sie in einer einzigen Nacht erbaut worden sein. Die Mauern aus dunkelgrünem Serpentin und weiß schimmerndem Kalkstein bilden dekorative Muster. An der Westfassade mit dem Eingang befinden sich drei Blendarkaden, an den Bögen plastische Darstellungen menschlicher Figuren, an den Seitenfassaden Motive im Flachrelief. Die halbkreisförmige Apsis ist aus Rundungsteilen zusammengefügt. An der Fassade steht der viereckige Campanile, der im 19. Jh. restauriert, doch leider zu hoch gebaut wurde. Die Reste von Fresken stammen aus dem 12. Jh.
Murato • tgl. außer Mi und So, (Schlüssel im Rathaus erhältlich)

ESSEN UND TRINKEN
La Ferme de Campo di Monte
▶ grüner reisen, S. 17

◎ Saint-Florent ▶ S. 111, D 4
1600 Einwohner
Zwischen der Désert des Agriates und der geballten Inselfaust des Cap Corse liegt im Golf der Badeort Saint-Florent, der bereits zu Zeiten der Römer ein Handelsplatz war. Die Genuesen bauten im 15. Jh. die kleine Siedlung an der Mündung des Flüsschens Aliso zum Flottenstützpunkt und bedeutenden Handelsplatz aus.
23 km westl. von Bastia

SEHENSWERTES
Santa Maria Assunta

Die Kathedrale Santa Maria Assunta (1140 vollendet) liegt etwas außerhalb des Ortes. Im Innern sind wunderbare Säulenkapitelle zu sehen, in einer Seitenkapelle werden die Reliquien des hl. Florus, Schutzpatron der Stadt, der im 3. Jh. den Märtyrertod starb, aufbewahrt.
Juli Mo–Fr 9–12, 15.30–19, Sa 9–12 Uhr (Aug.–Juni Schlüssel im Office du Tourisme erhältlich)

SERVICE
AUSKUNFT
Office du Tourisme
Saint-Florent • B.P. 53 • Tel. 04 95 37 06 04 • www.corsica-saintflorent.com

---

MERIAN-Tipp

UNTERKUNFT MIT CHARME IM BERGDORF LAMA ▶ S. 114, B 9

»Blühende Kommune« darf sich das Dorf jetzt zu Recht nennen. Um das vor etlichen Jahren fast entvölkerte Bergdorf Lama, 450 m hoch über dem Tal des Flüsschens Ostriconi gelegen, mithilfe des »integrierten Tourismus« zu neuem Leben zu erwecken, wurden preiswerte »gîtes« – Ferienwohnungen in restaurierten Häusern – eingerichtet.
Auskunft: Office de Tourisme • Lama • Tel. 04 95 48 23 90 • www.vacancesalama.fr
60 km westl. von Bastia

Ajaccio und der Westen

Die quirlige Metropole Ajaccio hat sich viele Reminiszenzen an vergangene Zeiten bewahrt. Im Westen zeigt sich Korsika von seiner wilden Schönheit.

◄ Beliebtes Ausflugsziel im Golf
von Ajaccio: die Îles Sanguinaires
(▶ MERIAN-Tipp, S. 49).

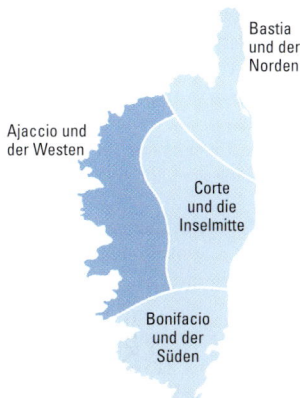

Bastia
und der
Norden

Ajaccio und
der Westen

Corte
und die
Inselmitte

Bonifacio
und der
Süden

Großartige Badebuchten, wilde Steilküste, malerische Orte und eine le-
bendige Hauptstadt: Der Westen
Korsikas bietet eine unglaubliche
Vielfalt auf engstem Raum. Beliebte
Badestützpunkte sind Calvi mit seiner pittoresken Altstadt und Zitadelle, Île Rousse mit den unterschiedlichsten Stränden, Saint-Florent im Norden und die weiten Golfe
Sagone und Ajaccio im Süden.

Wer die Küste mit dem eigenen Fahrzeug erschließen möchte, braucht
viel Zeit, denn die Straßen sind gerade im Bereich der Steilküste bei
Porto kurvig, schmal mit atemberaubenden Ausblicken. Wanderer
können die fantastische Küstenlandschaft auf dem wohl schönsten Fußweg der Insel, dem »Tra Mare e Monti«, hautnah erleben.

Ajaccio   ▶ S. 116, C 15

58 000 Einwohner

Stadtplan ▶ Klappe hinten

Der zweitgrößte Hafen der Insel liegt
am nördlichen Ende des gleichnami-
gen Golfes – großzügig mit schönen
Alleen und Boulevards, schattigen
und weiten Plätzen, farbenprächti-
gen Märkten und lauten Einkaufs-
straßen mit eleganten Boutiquen.
Die Stadt wurde von den Römern
gegründet (lat. Adiacium), das heu-
tige Saint-Jean-Viertel (Festung) war
Ende der römischen Kaiserzeit eine
blühende Siedlung, die im 10. Jh.
von den Sarazenen zerstört wurde.
Die Neugründung erfolgte 1492
durch die genuesische Bank des Heiligen Georg, der 1543 mit Korsikas
Verwaltung betraut wurde. Zehn

Jahre später eroberte der korsische
Freiheitsheld Sampiero Corso die
Stadt und übergab sie den Franzosen
(Bau der Zitadelle), dann wurde sie
wieder genuesisch. Erst 1592 erhiel-
ten korsische Familien Bürgerrecht.
1731 flüchteten zahlreiche Griechen
aus der Gegend um Cargèse in die
Stadt. 1768 verkaufte Genua, vom
Widerstand der Korsen zermürbt, die
Insel an Frankreich. Ein Jahr später
wurde Napoleon im »französischen«
Ajaccio geboren. Seine Heimatstadt
verehrt ihn auf Straßen und Plätzen, in Häusern und Denkmälern.
Während der Revolution avancierte
Ajaccio 1793 zum Verwaltungszentrum des Départements Liamone und
1811 zur Hauptstadt der Insel.

SEHENSWERTES

Chapelle des Grecs

▶ Klappe hinten, südwestl. a 6

Kleine, um 1600 gestiftete Kapelle,
die 1732 den aus Paomina vertriebe-
nen Griechen als Gotteshaus zur Verfügung gestellt wurde. Im Inneren
sind über hundert Votivtäfelchen der
wundertätigen Mystikerin, der heiligen Teresa von Avila, gewidmet. Über

dem Hauptaltar hängt ein Gemälde der Krönung der Jungfrau mit Heiligen und den Figuren des Stifters Pozzo di Borgo und seiner Gemahlin von 1632.

Route des Sanguinaires/Bd. Nicéphore Stéphanopoli de Comnène

Chapelle Impériale
▸ Klappe hinten, d 3/e 3

Im Jahr 1857 von Napoleon III. als kaiserliche Grabkapelle bestimmt. Paccard, der »Architekt der Krone«, errichtete sie im Renaissancestil aus Steinen von Saint-Florent in Form eines Lateinerkreuzes. Auf dem Hochaltar steht ein bemerkenswertes koptisches Kruzifix, das Kaiser Napoleon 1799 bei seiner Rückkehr aus Ägypten seiner Mutter schenkte. In der Kapellengruft stehen die Sarkophage von sieben Mitgliedern des Clans. Auf den Verschlusstafeln aus schwarzem Marmor sind u. a. die Namen Marie-Letizia Ramolino (Mutter) und Charles Bonaparte (Vater) zu lesen.

Rue Fesch • Eingang über dem Musée Fesch

Notre-Dame-de-la-Miséricorde
▸ Klappe hinten, d 5/6

Die auch La Madunuccia genannte Kathedrale wurde ab 1852 in Form eines griechischen Doppelkreuzes errichtet. Links vom Eingang sieht man eine Tafel mit den letzten Worten des Kaisers: »Wenn man meine Leiche ebenso verbannt, wie man meine Person verbannte, so möchte ich in der Kathedrale zu Ajaccio beigesetzt werden.« In der schlichten Kathedrale wurde Napoleon am 21. Juli 1771 getauft (Taufbecken rechts vom Portal in einer umzäunten Nische). Der mächtige Hauptaltar ist ein Geschenk der Prinzessin Elisa Bacciocchi (Schwester Napoleons). Einen Blick wert sind die kleinen Gemälde der Rosenkranzkapelle.

Place Diamant

Place d'Austerlitz
▸ Klappe hinten, westl. a 6

Napoleon mit Mantel und Zweispitz zur Erinnerung an den siegreichen Ausgang der Schlacht bei Austerlitz. Eine Replik der Statue steht im Ehrenhof des Invalidendoms in Paris.

Place Charles-de-Gaulle
▸ Klappe hinten, d 5

Ein Bronzedenkmal von Viollet-le-Duc zeigt Napoleon hoch zu Ross neben seinen vier Brüdern und zwei Siegesgöttinnen.

Place du Maréchal Foch
▸ Klappe hinten, e 5

Napoleon als Konsul in römischer Toga, mit Lorbeerkranz, Steuerruder und Weltkugel, blickt vom Sockel auf das Meer. Die Marmorsäule stammt von Maximilien Laboureur, der Vier-Löwen-Brunnen von Jérôme Maglioli. Der Platz wird von zahlreichen Restaurants gesäumt.

Saint-Erasme   ▸ Klappe hinten, e 6

In dieser 1617 von den Jesuiten errichteten kleinen Kapelle weihte der »Rat der Alten« 1657 seine Stadt, um die Einwohner vor der Pest zu bewahren. Im Kircheninneren sind Schiffsmodelle zu sehen, die gerettete Seeleute gestiftet haben, eine von Putten umgebene Statue des hl. Erasmus, dem Schutzherrn der Seeleute, und mehrere Chormäntel und Diakongewänder für das Pontifikalamt.

Rue Forcioli-Conti

MUSEEN

Musée Fesch ▸ Klappe hinten, e 3

Das Museum zeigt über 1200 Gemälde verschiedener italienischer
Meister (von der Schule Giottos bis
zum 18. Jh.). Im linken Flügel ist die
Bibliothek Fesch untergebracht.
50, rue Fesch • www.musee-
fesch.com • Mai–Sept. Mo, Mi, Sa
10.30–18, Do, Fr, So 12–18, Juli–
Aug. Fr 18–20.30 Uhr (salle d'expo-
sitions temporaires), sonst kürzer •
Eintritt 8 €

Maison Bonaparte
▸ Klappe hinten, e 5

Vor dem schlichten Gebäude (18. Jh.)
steht die Büste des Königs von Rom,
Napoleon II., als Kind (E. J. Vezien,
1936). Zweiter Stock, 1. Saal: eine bis
1959 fortgeführte Ahnentafel der
Familie sowie Dokumente aus dem
persönlichen Besitz des Kaisers und
seines Vaters. 2. Saal: Bildnisse der
Geschwister. 3. Saal: zeigt den Alko-
ven, in dem Napoleon nach seiner
Rückkehr aus Ägypten geschlafen
haben soll. 4. Saal: gewidmet Napoleon III. und seiner Gattin Eugénie.
Im ersten Stock das Geburtszimmer
Napoleons I.
Rue Saint-Charles/Rue Letizia • www.
musee-maisonbonaparte.fr • Okt.–
März Di–So 10–12 und 14–16.45,
April–Sept. Di–So 9–12 und 14–
18 Uhr • Eintritt 7 €, Kinder frei • ♿

Salon Napoléonien
▸ Klappe hinten, e 4/5

In einem Saal des Rathauses sind
die Geburtsurkunde und die Toten-
maske Napoleon I., Münzen und
Medaillen, Skulpturen und Gemälde
der kaiserlichen Familie ausgestellt.
Hôtel de Ville • Place Foch •
tgl. 9–11.45, 14–17.45 Uhr,
Okt.–Mai, Sa, So geschl. • Eintritt
2,30 €, Kinder frei

Die Verehrung Napoleons findet in zahlreichen Denkmälern ihren Ausdruck: Reiter-
standbild vor der Kathedrale Notre-Dame-de-la-Miséricorde (▸ S. 44).

SPAZIERGANG

Stadtplan ▶ Klappe hinten

Überall Napoleon: Auf der winzigen **Place Letizia** steht die Büste des »Roi de Rome«, Sohn des Kaisers und der Marie Louise von Österreich. An seinen Vater erinnert das bescheidene Geburtshaus in der **Rue Saint-Charles**, Ecke Rue Letizia, in dem der spätere Kaiser am 15. August 1769 das Licht der Welt erblickte. An der **Place Foch**, Ecke Avenue Antoine Sérafini, gedenkt man in der heutigen Bürgermeisterei seines Bruders Jérôme, des Königs von Westfalen. Von der Place Foch geht es direkt zur Geschäftsstraße **Rue du Cardinal Fesch**, der Hauptstraße des stimmungsvollen alten Hafenviertels Borgo, wo eine Tafel an dem Haus Nr. 28 daran erinnert, dass der Bürgermeister von Ajaccio im Mai 1793 Napoleon drei Tage verbarg. Am Ende der Rue Fesch liegt die Chapelle Impériale mit den Sarkophagen der kaiserlichen Familie.
Dauer: ca. 1 Std.

MERIAN-Tipp **6**

RESTAURANT LE 20123
▶ Klappe hinten, d 5

So etwas gibt es nur einmal auf der Insel. Da ist zum einen das außergewöhnliche Ambiente einer »Stadt in der Stadt«, das den Eindruck vermittelt, in einer Altstadtgasse zu sitzen. Zum anderen überzeugt die Küche, in der frische Produkte des Landes zubereitet werden.
Ajaccio, 2, rue du Roi-de-Rome • Tel. 04 95 21 50 05 • www.20123.fr • Mo geschl. €€€

ÜBERNACHTEN

Campo dell' Oro   ▶ S. 116, C 15

Komfortables Stadthotel • Etwa 4 km vom Zentrum entfernt. Mit Garten, Schwimmbad, Konferenzräumen und gutem Restaurant.
Plage du Ricanto • Tel. 04 95 22 32 41 • www.hotel-campodelloro. com • 138 Zimmer • €€€€

Fesch   ▶ Klappe hinten, d 4

Prachtvollstes Hotel der Stadt • In der Fußgängerzone gelegen, wurde es mit Möbeln im alten Stil eingerichtet; der Service ist korrekt, die Preise sind angemessen.
7, rue du Cardinal Fesch • Tel. 04 95 51 62 62 • www.hotel-fesch.com • 77 Zimmer • €€€

Kalliste   ▶ Klappe hinten, d 2

Gutes Preis-Leistungs-Verhältnis • Zentral gelegenes Haus mit schönen Zimmern. Das freundliche Personal an der Rezeption spricht Englisch, teilweise auch Deutsch. Autovermietung im Hause.
51, cours Napoléon • Tel. 04 95 51 34 45 • www.hotel-kalliste-ajaccio.com • 29 Zimmer • €€€

ESSEN UND TRINKEN

Bistrot d'à Côté
▶ Klappe hinten, e 5

Mediterrane Küche • Etwas versteckt in der Altstadt ist das Restaurant bekannt für seine Fischspezialitäten.
3, rue Pozzo di Borgo • Tel. 04 95 23 35 71 • €€

Restaurant de France
▶ Klappe hinten, d 2

Beste Adresse der Stadt • Im Herzen der Stadt gelegenes Restaurant mit regionaler Küche und gutem Preis-Leistungs-Verhältnis.

58, rue du Cardinal Fesch • Tel. 04 95
21 11 00 • So geschl. • €€

EINKAUFEN
L'Atelier du Couteau
▶ Klappe hinten, e 5

Hier sind alle Messer Unikate und
bei Sammlern sehr beliebt.
2, rue Bonaparte • Tel. 04 95 52
05 92 • www.latelierducouteau.fr

AM ABEND
Casino d'Ajaccio
▶ Klappe hinten, c 6/d 6

Glücksspiel in edlem Ambiente. Im
Haus befinden sich auch das Restau-
rant »La Rotonde« und die Piano-
Bar »L'Entracte«.
Boulevard Pascal Rossini • Tel. 04 95
50 40 60 • www.casino-ajaccio.com

SERVICE
AUSKUNFT ▶ Klappe hinten, e 4/5
Office du Tourisme
Ajaccio • 3, bd. Roi Jérôme •
Tel. 04 95 51 53 03 • www.ajaccio-
tourisme.com

Ziele in der Umgebung
◎ **Bastelica** ▶ S. 117, F 14
460 Einwohner

Etwa 33 km nordöstlich von Ajaccio liegt in über 800 m Höhe der aus
sechs Weilern bestehende Ort Bastelica. Hier wurde der »korsischste
aller korsischen Helden« (lu piu corso di lu corsi) geboren: Sampiero
Corso (1498–1567); hier begann die
Blutrache um das Jahr 1000 mit
dem Mord an Arrigo Bel Messer de
Venaco durch den Grafen Forte di
Cinarca, dessen Söhne daraufhin er-
tränkt wurden. Sehenswert sind das
Bronzedenkmal des Sampiero vor
der Kirche von Santo (Ortsteil Bastelica) und das Geburtshaus Sampie-

ros (Ortsteil Dominicacci): Es trägt
eine korsische Inschrift von William
Bonaparte Wyse, einem Enkel von
Lucien Bonaparte (1855).
33 km nordöstl. von Ajaccio

Hinter dem Schild verbirgt sich das urige Le 20123 (▶ MERIAN-Tipp, S. 46).

◎ **Bocognano** ▶ S. 117, F 13/14
343 Einwohner

Der schöne Ort liegt inmitten der
Kastanienhaine des Gravona-Hoch-
tals. Auf Wanderwegen gelangt man
zum Monte d'Oro. Im 19. Jh. wurde
Bocognano durch zwei Mörder bekannt, die mit Unterstützung der
Bevölkerung 40 Jahre über die Macchia herrschten. Etwa 3 km südlich
lohnt der höchste Wasserfall der Insel, der »Voile de la Mariée« (Braut-
schleier), einen Abstecher. Wenige
Kilometer entfernt erhebt sich die
Menhirstatue Tavera.
34 km nordöstl. von Ajaccio

◎ Cargèse ▸ S. 116, B 13
980 Einwohner

Im Norden über dem Golf von Sagone liegt die »Griechenstadt« Cargèse mit einer von zahlreichen Ikonen geschmückten griechisch-orthodoxen Kirche (1852). Besonders eindrucksvoll ist ein Heiligenbild mit dem Antlitz Johannes des Täufers. Im Inneren ist nach orthodoxem Ritus der Chor durch eine Ikonostase mit Heiligenbildern vom Schiff getrennt. Sehenswert ist das Tafelbild (13. Jh.) der Salbung Christi. Die Buchten um Cargèse bieten nicht nur traumhafte Bade- und Wassersportmöglichkeiten am herrlichen Sandstrand, sondern auch schöne Wanderungen in der Umgebung.
50 km nördl. von Ajaccio

◎ Golfe de Sagone ⍦
▸ S. 116, B 14

Der weite Golf im Norden von Ajaccio ist wegen seiner feinen Sandstrände interessant, die nur von vereinzelten Felsbuchten unterbrochen sind. Ein sehr schöner Platz für alle möglichen Sportaktivitäten: Baden, Surfen, Mountainbiketouren im Hinterland.
38 km nordwestl. von Ajaccio

◎ Porticcio ⍦ ▸ S. 117, D 15
150 Einwohner

Beliebtes Freizeit- und Wassersportzentrum mit einem über 2 km langen Sandstrand. Besonders bei Kindern beliebt ist der kleine Vergnügungspark **Acqua Cyrne Gliss** (▸ Familientipps, S. 29).
18 km südöstl. von Ajaccio

ÜBERNACHTEN
Sofitel Porticcio Thalassa
Beeindruckende Lage • Elegantes Hotel mit Meerwasserkuranlage auf einer Landzunge. Das Hotelrestaurant »Le Caroubier« serviert exzellente korsische Spezialitäten.

Im Wechselspiel von Licht und Schatten nehmen die berühmten rot glühenden Felsen der Calanche bei Porto (▸ S. 49) die bizarrsten Formen an.

Domaine de la Pointe • Tel.
04 95 29 40 40 • www.sofitel.com •
98 Zimmer • ♿ • €€€€

ESSEN UND TRINKEN
Auberge du Prunelli

Schöne Terrasse • Hier werden von
Madame Pittiloni regionale Spezialitäten serviert.
Pisciatello • Tel. 04 95 20 02 75 •
Di geschl. • Reservierung erforderlich • €€
9 km nördl. von Porticcio

◉ Porto   ▶ S. 112, B/C 8
600 Einwohner
Der Ort verdankt seine Anziehungs-
kraft der geschützten Lage in einer
herrlichen Bucht und dem traum-
haft schönen Hinterland. Er ist ein
idealer Ausgangspunkt für Ausflüge:
zu den **Calanche**, bizarren, rötlich
gefärbten Felsformationen, über **Ota**
in die **Spelunca-Schlucht** oder per
Schiff zum Küstenreservat **La Scandola** und nach **Girolata**. Ferner zählen seine Tauchgründe zu den interessantesten ganz Korsikas. Portos
Wahrzeichen ist der viereckige pisanische Wachturm auf dem von der
Brandung umspülten Felsen im
Meer. Berühmt sind die äußerst
malerischen Sonnenuntergänge. Die
UNESCO hat Porto und die umge-
bende Küste im Jahr 1983 zum Welt-
kulturerbe erklärt.
73 km nördl. von Ajaccio

ÜBERNACHTEN
Le Maquis

Gemütliches Ambiente • Das Haus,
bekannt für seine gute Küche, vermietet auch einige Zimmer.
An der Kreuzung D 81/D 124 nach
Ota • Tel. 04 95 26 12 19 • www.hotel-
lemaquis.com • €€

MERIAN-Tipp   **7**

ÎLES SANGUINAIRES
                              ▶ S. 116, B 16
Die vier »Blutinseln« mit ihren
einzigartigen, oft blutrot flammen-
den Sonnenuntergängen an der
nördlichen Golfküste sind der
beliebteste Ausflugsort der Ajac-
ciens und mit dem Boot leicht
zu erreichen. Ein ergreifend schönes Naturschauspiel, das Sie sich
nicht entgehen lassen sollten!
Bootstouren sind zu buchen bei:
Nave va • Abfahrt tgl. 15, zurück
um 18 Uhr • Tel. 04 95 21 83 97
(Stadtbüro) oder 04 95 51 31 31
(Hafenbüro) • www.naveva.com

SERVICE
AUSKUNFT
Office du Tourisme

Quartier la Marine (am Hafen) •
Tel. 04 95 26 10 55 • www.porto-
tourisme.com

◉ Sagone   ▶ S. 116, C 13
800 Einwohner
Kleiner Ort mit einer Hand voll
Hotels. Hier steht ein alter genuesischer Rundturm, die ehemalige
Kathedrale Sant' Appiano. Links von
der Kirchenruine (12. Jh.) die Menhir-Statue **Sagone II.**, die im 19. Jh.
in Appriciani gefunden wurde.
35 km nördl. von Ajaccio

◉ Vico   ▶ S. 116, C 13
916 Einwohner
Das Hinterland wird als **Cinarca**
bezeichnet. Ein fruchtbares Tal, das
einst von den Grafen von Cinarca
beherrscht wurde. **Vico** mit seinen
hohen Häusern ist das alte Zent-

rum, da die Küste wegen der Malaria nicht bewohnbar war. In dem von Hügeln und Macchia umstandenen Ort steht der **Couvent Saint-François** (1481) mit dem ältesten Holzkruzifix Korsikas.

50 km nördl. von Ajaccio

Calvi   ▶ S. 112, C 5

3700 Einwohner

Stadtplan ▶ S. 51

Für den Griechen Ptolemäus war Calvi der »berühmteste«, für die Römer ein strategischer Hafen. Für nicht wenige stolze Calvesi ist ihre Stadt auch die »Stadt des Kolumbus« – soll der genuesische Seefahrer doch in Calvi geboren sein. Der Küstenort am Nordwestrand der Insel wurde von den Genuesen 1268 an der Stelle einer zerstörten frühchristlichen Gemeinde erbaut und in kurzer Zeit zur militärischen Hauptstadt der Region ausgebaut. Calvi, das noch immer wie eine mittelalterliche Festung aussieht, ist Sitz einer Unterpräfektur und Verwaltungszentrum der Balagne. Seine Rolle als wichtigster Hafen der Region hat Calvi an L'Île Rousse abtreten müssen. Mittelpunkt der hoch auf einem Felsvorsprung über dem Meer liegenden Altstadt ist die auf dem höchsten Punkt des Felsens wachende Kirche **Saint-Jean-Baptiste**. Die Neustadt ist eine gesichtslose Gründung des 19. Jh. Aus der Stadt des Militärs wurde im Laufe der Zeit eine Metropole der Badetouristen und Mittelmeerjachten; das gebirgige Hinterland verführt zu Ausflügen, die herrlichen Strände zum Dolcefarniente, die Discos zum Austoben und zum Flirt. Am schönsten ist Calvi im Mai und Juni, und dann wieder im September und Oktober.

SEHENSWERTES

Citadelle   ▶ S. 51, a 1/2

Die niemals bezwungenen wuchtigen Befestigungsmauern aus riesigen Granitblöcken (13.–15. Jh.) schützten die mittelalterlichen Häuser der Oberstadt, Saint-Jean-Baptiste, den Oratoire Saint-Antoine und den ehemaligen Gouverneurspalast. Drei Bastionen sicherten die Stadt von der Seeseite. Von der Place Christophe-Colombe erreicht man über eine Zugbrücke die Festung. Am Eingang steht eine Tafel mit der Inschrift »Civitas Calvi semper fidelis« – Calvi blieb Genua immer treu, folgte nie Pasquale Paoli, dem Vater des Vaterlandes. Von den Mauern genießt man eine herrliche Aussicht auf Unterstadt, Hafen, Golf, Monte-Cinto-Massiv und Pointe de la Revellata.

Hôtel de Ville   ▶ S. 51, b 2

Im ersten Stock des Bürgermeisteramtes hängen in der **Salle du Conseil** (Saal des Stadtrats) einige schöne alte Gemälde.

Place du Docteur Marchal •
Mo–Fr 8–12 und 14–17 Uhr

Oratoire Saint-Antoine ▶ S. 51, c 2

Die kleine Kapelle (1510) in der Zitadelle dient der Antonius-Bruderschaft zur Aufbewahrung ihrer Prozessionsfiguren und ist zugleich ein Museum religiöser Kunst der Balagne. Der skulptierte Türsturz aus schwarzem Schiefer über dem Kapelleneingang zeigt den Heiligen Antonius den Großen mit seinem Attribut, dem Schwein. Außerdem sind Johannes der Täufer und der Heilige Franz (kniend) zu sehen. Fragmente eines Altarblatts aus dem 15. Jh. und zwei Fresken mit dem Kreuzigungsthema schmücken den kleinen Raum. Gleich neben der Kapelle liegt der Eingang zur archäologischen Sammlung.

Zitadelle (Innengasse Ostseite)

Rue Colombe   ▶ S. 51, c 2

Eine Marmorplatte an der einzigen noch erhaltenen Mauer des »Kolumbus-Hauses«, das beim englischen Bombardement 1794 weitgehend zerstört wurde, trägt folgende Inschrift: »Hier wurde 1441 Christophe Colombe geboren, der durch die Entdeckung der Neuen Welt unsterblich wurde, zur Zeit, als Calvi unter genuesischer Herrschaft stand. Er starb in Valladolid am 20. Mai 1506«. Der Beweis für diesen Anspruch steht allerdings noch aus.

Saint-Jean-Baptiste   ▶ S. 51, c 2

Der von einer großen oktogonalen Laternenkuppel gekrönte Bau besitzt eine eher schlichte Fassade. Die im 13. Jh. in Kreuzform mit maurischer Kuppel errichtete und 1567 durch die Explosion des Pulvermagazins der ehemaligen Burg stark beschädigte Kirche wurde wieder aufgebaut und sechs Jahre später zur Kathedrale erhoben.

Rechts vom Eingang ein Weihwasserbecken aus Alabaster (1443) mit Engelsköpfen und den Wappen wohl-

habender Calvesi. Im Inneren der geradezu heiteren Kirche eine **Holzstatue der Jungfrau vom Rosenkranz** aus Sevilla (1757). Die Jungfrau wird vor der Karwoche in hellblauen Taft mit weißen Spitzen gehüllt und auf ein Podest ins Kirchenschiff gestellt. Bei der Karfreitagsprozession trägt die Figur dann schwarz.

Rechts neben dem sehenswerten Altar steht der wundertätige **Christe des miracles** aus Ebenholz mit Silberschärpe, der die Türken 1555 von der Einnahme der Stadt abgehalten haben soll. In der **Sakristei** ein prachtvolles Triptychon des ligurischen Künstlers Barbagelata, 1498 auf Bestellung der Stadt geschaffen. Es zeigt Verkündigungsszenen, Episoden aus dem Leben Marias und Jesu sowie zahlreiche lokale Heilige.

Sainte-Marie-Majeure ▶ S. 51, b 2

Die Marienkirche (1774) in der Unterstadt mit weithin sichtbarer Kuppel und einer schlichten weißen Fassade sowie einem im 19. Jh. angefügten Glockenturm steht auf den Resten einer frühchristlichen Basilika. Die Pfarrkirche ist Zentrum des geistlichen Lebens von Calvi. In der Saison werden hier täglich Messen gehalten. Das Presbyterium bewahrt eine nur 42 cm hohe Christusfigur aus Elfenbein von Sansovino.
Rue G. Clemenceau

SPAZIERGANG

Beim Aufstieg auf den Hausberg von Calvi, den **Capu di a Veta** (703 m), fasziniert immer wieder der Blick auf die Stadt mit der Zitadelle und dem piniengesäumten Golf. Die Wanderung ist auch für Ungeübte leicht zu bewältigen. Im letzten Abschnitt muss man etwas klettern. Der Weg ist gut markiert.
Dauer: 4 Std. (hin und zurück)

ÜBERNACHTEN

L'Abbaye ▶ S. 51, südl. b 3

Eleganz im Kloster • Modernes Hotel hinter den Mauern einer wiederaufgebauten Franziskanerabtei. Am Ortseingang in Strandnähe gelegen.
Route de Santore • Tel. 04 95 65 04 27 • www.hostellerie-abbaye. com • 43 Zimmer • ♿ • €€€€

Auberge de la Signoria

▶ S. 112, C 6

Stilvoll-romantische Oase • Ein schönes und altes, niedrig gebautes Haus für Liebhaber der Ruhe unter Pinien- und Eukalyptusbäumen. Rechtzeitige Buchung ist empfehlenswert.
Route de la Forêt de Bonifato • Tel. 04 95 65 93 00 • www.hotel-la-signoria.com • 1. Nov.–31. März geschl. • 29 Zimmer • €€€€

Saint-Erasme ▶ S. 51, westl. a 2

Gute Lage • Schön gelegenes Haus mit Blick auf die Revellata-Halbinsel.
Route de Porto • Tel. 04 95 65 04 50 • www.hotel-st-erasme.com • 16. Okt.–14. April geschl. • 33 Zimmer • €€€

Aria Marina ▶ S. 51, westl. a 2

Über dem Meer • Am Südhang des Ortes in ruhiger Lage.
Route du Bord du Mer • Tel. 04 95 65 04 42 • Nov.–April geschl. • 10 Zimmer • €€

ESSEN UND TRINKEN

Emile's ▶ S. 51, b 2

Meerblick • Köstliches Felsenmeerbarbenfilet vor geschmackvoller Art-déco-Kulisse.

Quai Landry • Tel. 04 95 65 09 60 •
15. Okt.–15. März geschl. • €€€

Comme chez Soi ▶ S. 51, b 2

Wohlfühlambiente • Wie zu Hause
fühlt man sich bei Albert-Yves Blon-
deau am Hafen. Vorzüglich schme-
cken die Gerichte, und die guten
Weine, die hier ausgeschenkt werden, runden den Besuch ab.
Quai Landry • Tel. 04 95 65 45 81 •
tgl. 11.30–14.30 und 19.30–23 Uhr •
€€

A Stalla ▶ S. 51, b 2

In der Fußgängerzone • Immer gut
besucht. Die Muscheln werden hier
auf korsische Art zubereitet. Empfehlenswert: Paella. Seitdem das Restaurant zum »Cabaret A Stalla« gehört, gibt es jeden Freitag und Sams-
tag Abend korsische Livemusik.
13, rue Clemenceau • Tel. 04 95
65 21 48 • tgl. geöffnet, außerhalb
der Saison nur am Wochenende,
Nov.–März geschl. • €€

La Table de Sabine ▶ S. 51, b 2/3

Legendäre Adresse • Schön am Ha-
fen gelegen, galt das Restaurant zeit-
weise als eines der besten Korsikas.
Das neue Management gibt sich
Mühe, die bisherige Qualität und
den guten Ruf aufrechtzuerhalten.
Quai Landry • Tel. 04 95 65 00 46 •
Di–Mo 12–15 und 19.30–23.30 Uhr,
Nov.–Mitte März geschl., Juli, Aug.
kein Ruhetag • €€

AM ABEND

Chez Tao ▶ S. 51, c 2

Pianobar mit Restaurant. Heißestes
Nachtlokal der Insel seit 1928.
La Citadelle • Tel. 04 95 65 00 73 •
www.cheztao.com • 15. Juni–
15. Sept. tgl. 20–5 Uhr

L'Acapulco ▶ S. 51, westl. a 3

Bei Nachtschwärmern beliebtes
»Discothèque-Restaurant«.
Route de la Calenzana • Tel. 04 95 65
08 03 • www.acapulco-calvi.com

La Camargue ▶ S. 51, südl. a 3

Diskothek, Pianobar und Restaurant
in einem.
Ponte de Bastia (RN 197) •
Tel. 04 95 65 08 70 • www.disco
thequecamargue.com

MERIAN-Tipp **8**

BALAGNE
▶ S. 112, B 6/S. 113, D 5

An der 40 km langen Küste liegen
einladende Orte, auf den Hügeln
hinter der Küstenebene malerische Dörfer, umgeben von Obstgärten und Weinbergen, Palmen,
Agaven und Feigenkakteen. Die
Balagne besteht aus der kargen
»Balagne déserte« südlich von
Calvi und der fruchtbaren, grünen
»Balagne fertile« zwischen der
nördlichsten Gebirgskette der Insel und der Küste mit dem Zentrum **L' Île Rousse**. Schon in vorgeschichtlicher Zeit bewohnt, zog
die heiterste Landschaft der Insel
nacheinander Phönizier, Griechen
und Etrusker an. Später siedelten
sich Römer in der Balagne an und
kultivierten das Land. Im frühen
Mittelalter tauchten Sarazenen
(Nordafrikaner) an der Küste auf,
woran noch heute nordafrikanisch
anmutende Ortsbilder der Dörfer **Sant' Antonino** und **Corbara**
erinnern. Bis zum 20. Jh. war die
Balagne eines der reichsten Land-
baugebiete Korsikas.

SERVICE

AUSKUNFT

Office du Tourisme ▶ S. 51, b 3

Port de Plaisance • Tel. 04 95 65
16 67 • www.balagne-corsica.com

BOOTSAUSFLÜGE

Tagesausflüge nach Girolata und
La Scandola – eine aufregende Küs-
tenfahrt entlang der Calanche. Im
Naturreservat leben Fisch- und Kö-
nigsadler. Abfahrt im Hafen tgl. um
9.15 Uhr (Rückkehr 16 Uhr), Halb-
tagestrip (nur Scandola) Abfahrt um
14, Rückkehr um 18 Uhr.

Colombo Line • Tel. 04 95 65 32 10 •
www.colombo-line.com

Ziele in der Umgebung

◎ **Algajola** ▶ S. 112, C 5

270 Einwohner

Auf halber Strecke zwischen Île
Rousse und Calvi liegt die alte phö-
nizische Siedlung. Auch die Römer
haben später in Algajola gewohnt.
Bis heute hat der Ort sein wehrhaf-
tes Aussehen bewahrt. Sehenswert:
die **Zitadelle** (17. Jh.), die um das
ursprüngliche Kastell errichtet wurde, und die Kirche **Saint-Georges**
mit beachtlichen Malereien, darunter eine schöne Kreuzabnahme von
Guercino (1591–1666).

11 km nordöstl. von Calvi

ÜBERNACHTEN

L'Ondine

Fantastischer Meerblick • In einem
der ältesten Dörfer Korsikas liegt
dieses Hotel direkt am Meer. Ideal
zum Angeln und für Wassersport.
Landestypisch eingerichtete Zimmer. Mit Restaurant und Bar.

7 A, rue A. Marina • Tel. 04 95 60
70 02 • www.hotel-londine.com •
54 Zimmer • Nov.–März geschl. • €€€

◎ **Aregno** ▶ S. 113, D 5

Die **Chapelle A Trinità** (1177) zählt
zu den schönsten pisanischen Kapellen der Insel. Sehenswert sind das
polychrome Granitmauerwerk, die
hohe, dreifach gegliederte Fassade,
die interessanten Skulpturen und die
Fresken eines lokalen Künstlers aus
dem 15. Jh.

20 km nordöstl. von Calvi

◎ **Belgodère** ▶ S. 113, E 5

400 Einwohner

Der jahrhundertelange Stammsitz
der Adelsfamilie Malaspina mit einem typisch korsischen Stadtbild
bewahrt in seiner **Saint-Thomas-
Kirche** mit Barockaltar ein Tafelbild
(16. Jh.), das Maria mit dem Kind
zwischen zwei Aposteln darstellt. Von
der Festungsruine genießt man eine
prachtvolle Aussicht auf das grüne
Tal des Prato.

42 km nordöstl. von Calvi

◎ **Calenzana** ▶ S. 112, C 6

1700 Einwohner

Der »Balkon der Balagne«, wie Calenzana gerne genannt wird, ist von
Weinbergen und duftender Macchia umgeben. Sehenswert ist die
Kirche Saint-Blaise aus dem 18. Jh.
mit einem frei stehenden barocken
Glockenturm und schönen Fresken. Calenzana ist Ausgangspunkt
zweier Wanderwege: des **GR 20** 🔟
(▶ S. 91) sowie des **Tra Mare e
Monti** (▶ MERIAN-Tipp, S. 27, 90).

12 km südöstl. von Calvi

◎ **Corbara** ▶ S. 113, D 5

700 Einwohner

Maurisch anmutender Ort mit der
Ruine der Savelli-Burg und einer
kleinen Kapelle; die **Barockkirche
L'Annonciation** zeigt einen typi-

Ein spektakulärer Blick über die Balagne bietet sich von den Berghängen oberhalb des charmanten Dörfchens Speloncato (▸ S. 57).

schen Hochaltar, Chorschranken aus Carrara-Marmor und Marmorskulpturen. Das während der Französischen Revolution zerstörte Kloster (15. Jh.) wurde 1857 wieder aufgebaut.

21 km nordöstl. von Calvi

◉ Couvent de Marcasso

▸ S. 113, D 5

1621 wurde die Abtei errichtet. Die Kirche zeigt aufwendig dekoriertes Chorgestühl (17. Jh.) und vier holzgeschnitzte Heiligenfiguren. Übernachtungsgelegenheit im Kloster (Tel. 04 95 61 70 21).

16 km nordöstl. von Calvi

◉ Feliceto   ▸ S. 113, D 5

200 Einwohner

Ein Besuch der Maison du Bandit, dem Haus des Banditen, in 600 m Höhe auf dem Falconaghia (korsisch: Zuflucht des Falken) gelegen, bietet einen herrlichen Blick auf die Umgebung von Feliceto sowie auf einen echten Adlerhorst.

26 km östl. von Calvi

ESSEN UND TRINKEN
Osteria U Mulinu
▶ grüner reisen, S. 17

◎ Forêt de Bonifatu
▶ S. 112, C 6

Sehenswerter Domänenforst aus Eichen, Laricio und Seekiefern. Das Forsthaus ist Ausgangspunkt für die große Wanderung auf dem **GR 20** 10 (▶ S. 91) sowie für den Küstenwanderweg **Tra Mare e Monti** (▶ MERIAN-Tipp, S. 27, 90). Der Wald ist im Sommer aber auch sehr angenehm für kurze Tagestouren auf den beiden Wegen.
22 km südöstl. von Calvi

ÜBERNACHTEN/ ESSEN UND TRINKEN
Auberge de la Forêt
Einfaches Nachtquartier • Für Wanderer, die sich im dazugehörigen Restaurant auch kulinarisch von ihren Strapazen erholen können.
Tel. 04 95 65 09 98 • http://auberge-foret-bonifatu.com

◎ L'Île Rousse
▶ S. 110, A 4

Die »rote Insel« verdankt ihren Namen den vorgelagerten rötlich schimmernden Felseninseln. Die Kleinstadt ist das Geschäftszentrum der östlichen Balagne und ein bedeutender Jachthafen.
Im 18. Jh. gab es an dieser Stelle der Küste nur einen genuesischen Turm, bis Pasquale Paoli 1758 hier den Fischerei- und Handelshafen Isola Rossa gründete, als Konkurrenz zu Algajola und Calvi.
Gehen Sie unbedingt zur belebten **Place Paoli.** In der Platzmitte ragen vier hohe Palmen in den Himmel, die einen mit der Marmorbüste Pasquale Paolis geschmückten Brunnen

beschatten. In der Altstadt steht die Pfarrkirche mit einem klassizistischen Frontgiebel. Das schlichte Innere wird über der Vierung von einer unbemalten Kuppel abgeschlossen. Die zahlreichen Badestrände der Île Rousse lohnen einen Besuch. Sehr schön ist auch eine Fahrt mit der alten Eisenbahn an der Küste entlang (▶ Im Fokus, S. 58)
22 km nordöstl. von Calvi

WUSSTEN SIE, DASS …
… die Balagne schon in vorgeschichtlicher Zeit besiedelt war? Die Griechen bauten hier Obst und Wein an. Im Mittelalter war die Balagne dank Oliven- und Kornanbau das reichste Gebiet Korsikas.

ÜBERNACHTEN
Hôtel Splendid
Strandnah • Großes Haus mit eigenem Pool. Restaurant mit Palmen-Terrasse, Cocktailbar.
Avenue Come Valery • Tel. 04 95 60 00 24 • www.le-splendid-hotel.com • 51 Zimmer • €€

La Bergerie
Ausgezeichnete Mittelmeerküche • Der ehemalige korsische Bauernhof aus dem 17. Jh. beherbergt heute ein Hotel mit Swimmingpool und empfehlenswertem Restaurant.
Route de Monticello • Tel. 04 95 60 01 28 • www.labergerie-corse.com • tgl. außer Mo • 26 Zimmer • €€

SERVICE
AUSKUNFT
Syndicat d'Initiative
Place Paoli • Tel. 04 95 60 04 35 • www.ot-ile-rousse.fr

◎ Lumio   ▶ S. 112, C 5
1000 Einwohner

Auf dem Friedhof des 200 m hoch gelegenen, reizenden Ortes, von dem aus man einen schönen Blick auf Calvi und den Golf hat, steht die kleine romanisch-pisanische Kirche **San Pietro e San Paolo** aus dem 11. Jh. Der Eingang an der Südseite ist mit monolithischem Türsturz und Palmblattverzierungen an den Friesen versehen. Unter dem Kranzgesims sieht man kleine Tierköpfe in den Zwickeln, an den Arkaden durchbrochene, in Hohlarbeit ausgeführte Kreise und Rauten.
10 km nordöstl. von Calvi

◎ Notre-Dame-de-la-Serra
▶ S. 112, B 5

Auf einem 242 m hohen Felsen oberhalb von Calvi liegt die Wallfahrtskapelle, die nur an wenigen Tagen im Jahr geöffnet ist. Wunderbarer Blick auf die sanfte Bucht von Calvi und die schroffe Bergwelt der Balagne.
2 km westl. von Calvi

◎ Pigna   ▶ S. 113, D 5
100 Einwohner

Hier haben sich zahlreiche Künstler und Kunsthandwerker niedergelassen. Der kleine Ort überrascht durch seine verwinkelten, fliesenbelegten Gassen und Treppenstraßen und durch seine Dorfkirche mit zwei kuppelgekrönten Türmen. Die geschweifte Kontur des Giebelfeldes ist architektonisch besonders gelungen. Pigna ist der Hauptsitz der Corsicada, der korsischen Künstlergenossenschaft. Jedes Jahr im Sommer ist der kulturell aktive Ort Schauplatz eines beliebten Jazzfestivals (▶ S. 23).
24 km nordöstl. von Calvi

ESSEN UND TRINKEN
Casa Musicale

Deftige Spezialitäten • Am Rande von Pigna liegt die »Casa Musicale«, die zum Glück immer noch ein Geheimtipp geblieben ist. Unter Verwendung frischer Zutaten aus der Balagne werden Gerichte wie Seeteufelmedaillons mit schwarzem Risotto serviert. Zum Restaurant gehört ein Hotel mit neun Zimmern, die alle der Musik entlehnte Namen tragen. Tel. 04 95 61 77 31 • www.casa-musicale.org • tgl. geöffnet • €€

◎ Sant' Antonino ❸
▶ S. 113, D 5
77 Einwohner

Das schöne Bergdorf mit malerischen Gassen und hohen Häusern liegt fantastische 450 m hoch auf dem Gipfel eines Berges am Rande der Balagne. Viele Häuser standen leer, aber in den letzten Jahren haben die Korsen den hübschen Ort neu entdeckt. Wo jemand wohnt, ist nicht immer auszumachen. Auf jeden Fall genießt man von hier oben einen herrlichen Blick auf das Regino-Tal, die hügelige Balagne, das verschneite Hochgebirge und das Meer.
20 km nordöstl. von Calvi

◎ Speloncato   ▶ S. 113, D 5
270 Einwohner

Idealer Ausgangspunkt für Wanderungen in der Balagne. Einen tollen Blick auf das maurisch anmutende Dorf hat man vom 550 m oberhalb des Ortes gelegenen Felssporn. Ebenfalls oberhalb befindet sich die ursprünglich romanische Kirche Saint-Michel. Gute Küche im Hotelrestaurant, einem ehemaligen Palais des Kardinals Savelli.
42 km östl. von Calvi

Inselbahn Micheline
Entdecken Sie auf einer Fahrt mit der nostalgischen Schmalspurbahn die reizvolle Landschaft der Insel.

Da legt sich der Waggon von einer Kurve in die andere, verschwindet in einem Tunnel und überwindet atemberaubende Schluchten mit reißenden Wildbächen auf historischen Brückenkonstruktionen. Wir sind mit der **Inselbahn Micheline** ✦ auf der Strecke von Corte nach Ajaccio unterwegs, die bei den Korsen als die schönste Passage auf der 158 km langen Reise von Bastia an der Ostküste nach Ajaccio im Westen gilt. Die Fahrt mit dem »Trinichellu«, dem kleinen Zug, wie die Einheimischen ihn liebevoll nennen, führt quer über die ganze Insel bis auf 906 m Höhe.

Vor den Tunnels ertönt das laute Signal, und die Geschwindigkeit wird drastisch reduziert, denn es könnte ja sein, dass hier eine Kuh im Schatten ruht. Das ist kein Scherz! Auf der Insel laufen Kühe, Schweine und manchmal auch Schafe frei umher. Bei 43 Tunnels und Galerien und teilweise 30 Prozent Steigung geht es teilweise gemütlich voran. Auch die Brücken werden mit Respekt befahren. 51 gibt es davon auf der Route von Küste zu Küste. Der 80 m hohe Viadukt du Vecchio vor dem Bergdorf Vivario wurde von keinem Geringeren als Gustave Eiffel, dem Konstrukteur des bekannten Pariser Eiffelturms, entworfen. Es bleibt viel Zeit, die großartige korsische Berglandschaft zu genießen, bizarr geformte Berggiganten und gisch-

◄ Eine Fahrt mit der Micheline ist ein unvergessliches Urlaubsvergnügen.

tende Wasserfälle zu bestaunen. So dauert die Inselquerung länger als eine Fahrt im TGV auf der Strecke Paris–Lyon. Die heimliche Hauptstadt Corte lohnt auf jeden Fall einen Zwischenstopp. Es ist der größte Ort an der Bahnlinie und wichtiger Stützpunkt für Wanderungen im Gebirge. In den Sommermonaten sitzen vorwiegend Urlauber in den Dieseltriebwagen.

Alles Handarbeit

Sie können sich vorstellen, dass der Bau der Gleisführung in Handarbeit ein abenteuerliches Unterfangen war. Die Verpflegung für die Arbeiter musste im Gebirge aufwendig mit Maultieren herbeigeschafft werden. Brücken und Tunnelbauten verzögerten die Fertigstellung immer wieder. Dazu kamen Prozesse und Demonstrationen von Fuhrmännern und Maultiertreibern, die um ihre Existenz fürchteten. Nach 16 Jahren waren zu Beginn des 20. Jh. schließlich 297 km Schienen verlegt. Die Strecke an der Ostküste bis Porto-Vecchio wurde erst 1935 fertig. Eine Verlängerung bis Bonifacio war geplant, doch dann kam der Krieg, und die Verluste waren beträchtlich: 25 Personenwagen, 250 Güterwagen, vier Lokschuppen, drei Triebwagen. Die Ablösung der Dampflokomotiven begann bereits 1937. Die Zerstörungen durch den Krieg beschleunigten die Umstellung auf den damals modernen Dieselbetrieb. 1954 fuhr das letzte Mal eine Lok unter Dampf über die Insel. Die Bedeutung des Autos machte auch vor der Insel nicht Halt. So drohte der Bahn in den 1970er-Jahren das Aus. Doch die Korsen liebten ihre Bahn und gingen auf die Barrikaden. Mit Erfolg. 1984 wurde das Streckennetz von der französischen Staatsbahn SNCF als Tochtergesellschaft übernommen. Trotz hoher Investitionen bleibt die korsische Eisenbahn ein Stiefkind unter den Transportmitteln.

Jeder Wagen wird umgerüstet

Als man 1983 beschloss, die Bahn aufzupäppeln, war eine Umstellung auf die internationale »Normalspur« viel zu kostspielig. So werden heute die Diesel-Triebwagen auf »Schmalspur« umgerüstet. Im »Lazarett« am Rande des kleinen Küstenortes Casamozza improvisieren die Techniker nach allen Regeln der Kunst, um die Bahn immer wieder flottzumachen.

So ist die Sicherheit auf den Strecken erheblich besser geworden. Kosenamen wie »Cocktailshaker« oder »Feuriger Elias« treffen heute nicht mehr zu. Trotzdem bleibt die Fahrt ein Erlebnis. An die alte Zeit der Dampflokomotive erinnern heute noch die Wassertürme auf den Bahnsteigen. Wer noch etwas von der Nostalgie vergangener Tage erleben möchte, dem sei eine Fahrt auf der Strecke Calvi–Île Rousse, dem »Tramway de Balagne«, empfohlen. Hier sind die alten Triebwagen der 200er-Baureihe mit ihren 305 PS noch im Einsatz. Die Nachkriegs-Oldies sind an der rot-beigen Farbe zu erkennen.

Auf dem Streckennetz unterhält die CFC **(Chemins de fer de la Corse)** 76 Brücken, 32 Tunnel, 83 Bahnübergänge, 11 Triebwagen für den Personenbetrieb sowie 77 Güterwagen.

Bahnhöfe
Ajaccio (Tel. 04 95 23 11 03)
Bastia (Tel. 04 95 32 80 61)

Bonifacio und der Süden

Weiß leuchtende Kreidefelsen, die steil ins Meer abfallen,
prägen den Süden Korsikas, während das Hinterland mit
traumhaften Panoramen und sprudelnden Bergbächen lockt.

◄ Hoch über dem Hafen von Bonifacio
(▸ S. 61) erhebt sich die mächtige Citadelle, die Schutz vor den Sarazenen bot.

Höhepunkt der Südküste Korsikas
ist zweifellos die Hafenstadt Bonifacio, deren Altstadthäuser wie bunte
Tupfen die weiße Kreideküste zieren.
Die Küste ringsherum bietet glasklare, abgelegene Buchten, die nur mit
dem eigenen Boot zugänglich sind.
Auch unter Wasser gibt es am Süd-
zipfel Frankreichs viel zu entdecken.
Porto-Vecchio und Propriano lo-
cken mit herrlichen Sandstränden
und klarem Meer. Im Kontrast dazu
steht das Leben in den Bergdörfern,
die nur wenige Kurven weiter oberhalb beginnen. Ein Traum sind die
zerklüfteten Felswände des Bavella-
massivs, die sich zum Wandern und
Klettern anbieten. Wer lieber in kla-
ren, frischen Bergbächen badet, der
findet in diesem Gebiet großartige
Möglichkeiten.

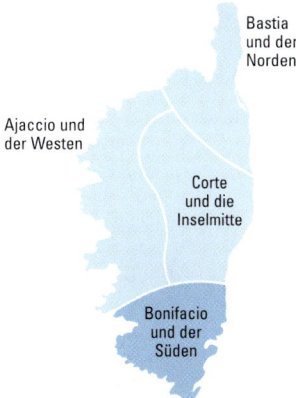

Bastia
und der
Norden

Ajaccio und
der Westen

Corte
und die
Inselmitte

Bonifacio
und der
Süden

Bonifacio ⭐ 5   ▸ S. 121, D/E 24

2800 Einwohner
Stadtplan ▸ S. 63

Was die Schönheit anbelangt«,
schrieb der französische Dichter Paul
Valéry, »ist Bonifacio die Hauptstadt
der Insel. Die Stadt treppt sich hinauf über einen Vorsprung des Küs-
tengebirges, ja sie ragt hier und
da sogar über das Meer vor und
blickt über die mit Klippen gespickte
Meerenge auf die niedrigere Küste
Sardiniens hinunter. Zu ihren Füßen
umzieht sie – nach der anderen Seite
zu – fast in einem geschlossenen Bo-
gen ein 1500 m langer Einschnitt in
das Steilufer, der wie ein riesen-
hoher, schmaler Kanal aussieht; er
dient ihr als Hafen, schleust durch
die lange Durchfahrt zwischen sei-

nen beiden steil abfallenden Fels-
wänden die kleinen italienischen
und sardischen Fischkutter bis zu
den ersten Häusern der Stadt heran.«
Bonifacio, die südlichste Stadt Frankreichs, besteht aus zwei Teilen: der
Marina (Hafengegend) und dem
Borgo Genovese, dem Genuesen-
viertel zwischen den Festungsanla-
gen. Gegründet wurde die Stadt 828
von dem Toskaner Bonifacio zur Ab-
wehr der Sarazenen. 1195 eroberten
die Genuesen die Stadt, deportierten
die Einwohner und siedelten Ligurer
an (noch heute sprechen die Einwohner einen altertümlichen genuesischen Dialekt). 1420 beanspruchte
Alfons V. von Aragon die Insel, 1528
dezimierte die Pest die Stadtbevöl-
kerung. In den folgenden Jahrhun-
derten wechselte Bonifacio mehrfach den Besitzer. 1793 befehligte
Napoleon als junger Offizier mehrere Monate lang die Besatzung der
Festung. Heute haben die Eroberer
des 20. Jh. – Tagesbesucher und Fe-
riengäste, Segel- und Motorboot-
besitzer – die Stadt eingenommen:
Sie ist eines der teuersten und belieb-
testen Zentren der Insel.

SEHENSWERTES

Altstadt
▶ S. 63, b 1/2

An den verfallenen, vier- bis fünfstöckigen Häusern der Altstadt überraschen an den schmalen Fassaden seltsame, die Gassen überspannende Strebebögen, die einst Teil eines ausgeklügelten Zisternensystems waren. Die hohen Häuser machen die engen Gassen lichtloser, unfreundlicher: Die verwinkelten Treppen und Gewölbe wirken wie ein Fluchtlabyrinth. Doch von der steinernen Brüstung der **Belvédère de la Manichella** hat man einen herrlichen Blick auf das Meer.

Escalier du Roi d'Aragon
▶ S. 63, a/b 2

Genau 187 Stufen, vom Meer zerfressen und von den Besuchern ausgetreten, führen vom Meer in die Oberstadt. Die »Treppen des Königs von Aragon« ließ Alfons V. von Aragon 1420 in einer Nacht in den weißen Steilfelsen schlagen, um die Belagerer zu überrumpeln. Vergeblich. Später, während der Besetzung des Hafens, dienten sie den Bewohnern als Fluchtweg.
Place Castello (an der Seebrüstung) • Juli/Aug. tgl. 9–20 Uhr, sonst 11–17.30 Uhr (außer bei Regenwetter) • Eintritt 2,50 €

Îles Lavezzi und Île Cavallo
▶ S. 121, E 24

Ein Ausflug zu den »polierten Steinbergen« im Meer ist ein touristisches Muss: Wie Steinhaufen mitten im Meer, aufeinandergetürmte Granitblöcke, von den Winterstürmen poliert und rund geschliffen – so sehen die **Îles Lavezzi** von ferne aus, winzige Inseln von fremdartiger Schönheit, die zu dem kleinen Archipel in den Bouches de Bonifacio, der Meeresstraße, die Korsika von Sardinien trennt, gehören.

Ein Teil der Inselgruppe ist italienisch (La Maddalena und San Stefano), der andere französisch (Lavezzi und Cavallo). Die winzigen Lavezzi-Inseln sind paradiesisch unbewohnt (bis auf den Leuchtturmwärter) – ein Naturschutzgebiet mit versteckten Buchten, einladenden Stränden und ausgedehnten Tauchgründen.

Der Pariser Nachtklubkönig Jean Castel wollte Anfang der Siebzigerjahre des 20. Jh. die **Île Cavallo** zu einem Dorado für den internationalen Jetset machen: Tatsächlich wurden exklusive Villen gebaut, zwei Restaurants (1990 von korsischen Separatisten in die Luft gesprengt) und das kleine, aber feine Clubhotel **Hôtel des Pêcheurs**.

Saint-Dominique
▶ S. 63, a 2

Die gotische Kirche auf dem Areal der **Citadelle** ist eine pisanische Gründung (Ende 12. Jh.) und gilt als wichtigstes gotisches Bauwerk der Insel. Zwischen 1270 und 1343 wurde das Gotteshaus von den Dominikanern erweitert und vollendet.

Im Kircheninneren stehen verschiedene polychrome Prozessionsfiguren aus Holz (hl. Bartholomäus, Mater Dolorosa und hl. Martha), die am Karfreitag von den Mönchen der Ordensgemeinschaft durch die Stadt getragen werden, sowie ein Stufenaltar aus polychromem Marmor (1749). Ferner gibt es sehenswerte Gemälde, eine Pietà, ein Porträt von Papst Pius V., sowie eine Darstellung der Seeschlacht von Lepanto als Votivbild.
Mo–Fr 11–18, Sa 10–18 Uhr • Eintritt frei

Saint-Erasme ▸ S. 63, c 1

Die kleine Kapelle (13. Jh.) hat durch viele Umbauten ihren ursprünglichen Charakter verloren. Sie ist dem Schutzheiligen der Fischer und Seeleute geweiht. Im Inneren befinden sich die hölzerne Prozessionsfigur des hl. Erasmus und das Gemälde »Jungfrau mit Kind« (17. Jh.).
Montée Rastello

Sainte-Marie-Majeure ▸ S. 63, b 2

Die mehrfach (zuletzt 1985) umgebaute und restaurierte dreischiffige Kathedrale im Zentrum der Oberstadt ist das älteste religiöse Gebäude der Stadt (um 1200). Von ihren Mauern aus überspannen Strebebögen die engen Gassen. Der mächtige viereckige Glockenturm über der nördlichen Apsis ist mit arabeskenartigen Ornamenten und fein skulptierten Symbolen der vier Evangelisten dekoriert. Die drei Portale wurden 1879 im neoklassischen Stil erneuert. Im Kircheninneren verdecken barock-klassizistische Formen die romanischen Elemente. Links

vom Eingang ein schöner römischer Sarkophag aus weißem Marmor (3. Jh. n. Chr.), darüber ein herrliches Wandtabernakel aus der Werkstatt von Gagini (1465), das mit Putten und einem aufrechten Christus verziert ist. Der Hauptaltar (1624) birgt die Gebeine des Stadtheiligen Bonifatius. Die drei Altäre sind der Mariä Verkündigung, der Jungfrau des Rosenkranzes und dem Sacré Cœur geweiht. Die Orgel (19. Jh.) stammt aus der Werkstatt der Brüder Ferrari aus Bastia. Zur Zeit der genuesischen Herrschaft versammelten sich in der Loggia die vom Großen Rat gewählten vier Stadtältesten.

WUSSTEN SIE, DASS …

… die rote Koralle in Bonifacio traditionell zu Schmuckstücken verarbeitet wird? Nur noch 10 Fischer auf Korsika dürfen das »rote Gold« fischen, das sowohl dekorativen als auch mystischen Zwecken dient. Typisch sind Amulette gegen den »bösen Blick«.

Eine große Auswahl an Fischgerichten und frischen Meeresfrüchten hat das Restaurant Le Voilier (▶ S. 65) am Hafen von Bonifacio zu bieten.

ÜBERNACHTEN

In Bonifacio ist alles ein wenig teurer als anderswo auf der Insel. So auch die Hotels. Die preiswerten Unterkünfte liegen in der Unterstadt, der sogenannten Marina.

La Caravelle ▶ S. 63, c 1

Hafenblick • Vergleichsweise teuer sind die geschmackvoll renovierten Zimmer dieses Hotels im Hafen.
37, quai Comparetti • Tel. 04 95 73 00 03 • www.hotel-caravelle-corse. com • 28 Zimmer • ♿ • €€€€

Genovese ▶ S. 63, a 1

Schöne Aussicht • Kleines Hotel im ehemaligen Gebäude der französischen Marine. Zimmer mit Blick auf die Stadt oder den Hafen.
Quartier de la Citadelle • Tel. 04 95 73 12 34 • www.hotel-genovese. com • 18 Zimmer • €€€€

Du Golfe ▶ S. 121, E 24

Für die Familie • Wunderschön am Golf von Manza gelegen.
Golfe de Santa Manza • Tel. 04 95 73 05 91 • www.hoteldugolfe-

bonifacio.com • 12 Zimmer • Nov.–
Feb. geschl. • €€€€
7 km nordöstl. von Bonifacio

Résidence du Centre Nautique
► S. 63, östl. c 1

Maritime Atmosphäre • Die kleine
Residenz am Jachthafen ist bei Seg-
lern beliebt.
Port de Plaisance, Quai Nord •
Tel. 04 95 73 02 11 • www.centre-
nautique.com • 11 Zimmer • €€€€

ESSEN UND TRINKEN
L'Archivolto
► S. 63, b 2

Außergewöhnliches Ambiente •
Reich bestückt mit Antiquitäten ist
dieses Restaurant mit schattiger Terrasse. Ausgezeichnet das Lamm mit
Knoblauchsauce.
2, Rue de l'Archivolto • Tel. 04 95 73
17 58 • Okt.–Mai geschl. • €€€

La Caravelle
► S. 63, c 1

Exotische Kreationen • In dem
Hafenrestaurant mit Terrasse gibt
es Fisch und Seegetier mit Auber-
ginen oder Chapon gefüllt.
35–37, quai Comparetti • Tel. 04 95
73 06 47 • Okt.–Mai geschl. • €€€

L'Albatros
► S. 63, c 1

Gutes Fischrestaurant • Wenn Langusten mit Maronen auf der Speisekarte stehen, sollte man nicht zögern.
47, quai Comparetti • Tel. 04 95 73
07 03 • €€

Kissing Pigs
► S. 63, c 1

Variantenreiche korsische Küche •
Eigentlich eine Weinbar mit köstlichen Weinen. Schmackhafte Käse-
und Fleischgerichte, Hafenpanora-
ma-Aussicht. Preiswert und gut.
15, quai Banda del Ferro • Tel. 04 95
73 56 09 • €€

Stella d'Oro
► S. 63, b 2

Regionale Küche • In diesem Restaurant sind besonders die herrlichen Miesmuscheln, die köstlichen
Nudelgerichte und die »aubergines à
la Bonifacienne« zu empfehlen.
7, rue Doria • Tel. 04 95 73 03 63 •
im Winter geschl. • €€

Le Voilier
► S. 63, östl. c 1

Beliebter Treffpunkt • Vor allem
Segler kehren am Hafen in diesem
einfachen, aber gemütlichen Restaurant mit guter Küche ein.
81, quai Comparetti •
Tel. 04 95 73 07 06 • €

EINKAUFEN
Boulangerie Faby
► S. 63, b 2

Das ganze Jahr gibt es hier »fugazzi«
(ein Osterbrot mit Rosinen und Nüs-
sen) und den mit Orangenblüten-
wasser abgeschmeckten Pfannkuchen »vea secata« (Brot der Toten),
der zu Allerheiligen gebacken wird.
4, rue Saint-Jean-Baptiste

Corallissimo
► S. 63, b 2

Kostbare Preziosen aus Korallen-
gestein, von der Inhaberin persön-
lich entworfen. Preiswerter ist der
aus Italien importierte Schmuck.
3, rue Loggia

Les Terrasses d'Aragon
► S. 63, b/c 1

Die in diesem Geschäft angebotenen
traditionellen korsischen Messer haben inzwischen Kultstatus erreicht.
Quai Banda Del'Ferro

SERVICE
AUSKUNFT
Office du Tourisme
► S. 63, b 1

2, rue F. Scamaroni/Fort San Nicro •
Tel. 04 95 73 11 88 • www.bonifacio.fr

BOOTSAUSFLÜGE ▸ S. 121, D 24

Eine Fahrt zu den Grotten von Bonifacio sollte auf Ihrer Korsikareise nicht fehlen. Täglich alle 30 Minuten startet ein Boot zur Drachengrotte und zur Grotte von Saint-Antoine. Nähere Informationen am Kai.

FÄHREN

Eine Gesellschaft unterhält die Fährverbindung Bonifacio–Santa Teresa auf Sardinien (12 km, 50 Min.). Im Juli und August gibt es in beide Richtungen bis zu 14 Fähren täglich.

Compagnie Moby Lines
▸ S. 63, a/b 1

Gare Maritime • Tel. 04 95 73 00 29 • www.mobylines.de

Ziele in der Umgebung
◎ Couvent Saint-Julien
▸ S. 121, E 24

Das Kloster aus dem 17. Jh. steht an der Stelle eines Vorgängerbaus aus dem Jahre 1213. Der Legende nach soll 1214 der heilige Franz von Assisi hier um Asyl gebeten haben, als er auf dem Weg nach Spanien in Bonifacio halten musste. Da die Mönche ihm Unterkunft verweigerten, übernachtete er in einer Grotte, die später von den Mönchen in eine Kapelle verwandelt wurde. Am Kloster beginnt ein kleiner, einfacher Rundweg, ca. 1,5 Std.

2 km östl. von Bonifacio

◎ Porto-Vecchio ▸ S. 121, E 22
10 300 Einwohner

Sehenswert ist das torreanische **Castellu d'Araghju** mit einer 3 bis 5 m hohen und 2 m dicken Zyklopenmauer, die das Monument auf einer Länge von 120 m einschließt und als Verteidigungsanlage diente.

Im Süden liegen die landschaftlich an die Südsee erinnernde **Bucht von Santa Giulia** (Club Mediterranée), der berühmte Strand von **Palombaggia** und das Nudistenparadies an der **Punta di a Chiappa**. Im Norden ziehen sich die Hotels und Bungalowdörfer über den **Golfo di Sogno**, die **Cala Rossa** und den Strand von **San Ciprianu** bis nach **Pinarellu** hin. Die dörfliche Stadt wurde im Jahr 1540 von den Genuesen gegründet und wie Sartène ebenfalls von den Sgios beherrscht, den großen Notabeln, die unter dem Ancien Régime geadelt wurden und reichen Grundbesitz hatten.

25 km nordöstl. von Bonifacio

ÜBERNACHTEN
Belvédère

Ausgezeichnete Lage • Herrlich zwischen Strand und Pinienwald gelegen, vereint das Hotel Eleganz und Landhausstil. Mit Pool.

Route de Palombaggia • Tel. 04 95 70 54 13 • www.hbcorsica.com • 15 Zimmer • Jan./Feb. geschl. • ♿ • €€€€

Grand Hotel de Cala Rossa

Für Gourmets • Elegantes Hotel mit einem der besten Restaurants der Insel. Privatstrand.

Route de Cala Rossa • Tel. 04 95 71 61 51 • www.hotel-calarossa.com • 45 Zimmer • Jan.–Mitte April geschl. • €€€€

Le Mistral

Zentrale Lage • Ruhiges Zwei-Sterne-Hotel in der Oberstadt von Porto-Vecchio.

5, rue Toussaint-Culioli • Tel. 04 95 70 08 53 • www.lemistral.eu • 28 Zimmer • €€€

ESSEN UND TRINKEN
Antigu
Korsische Küche • Im Herzen der Zitadelle mit Blick auf den Hafen kann man in diesem Restaurant regionale Gerichte genießen.
51, rue Borgo • Tel. 04 95 70 39 33 • So Mittag geschl. • €€€

Terraméa
Grandiose Aussicht • Von der Terrasse aus hat man die ganze Bucht von Porto-Vecchio im Blick! Raffinierte, mediterrane Küche.
Route de Palombaggia • Tel. 04 95 50 03 94 • €€

AM ABEND
Via Notte
Diskothek und Restaurant. Die einzige Adresse, die bis 5 Uhr morgens geöffnet hat.
Am südlichen Ortsausgang • Tel. 04 95 72 02 12 • www.vianotte.com

SERVICE
AUSKUNFT
Office de Tourisme
Rue du Docteur Camille de Rocca Serra • Tel. 04 95 70 09 58 • www.ot-portovecchio.com

Sartène   ▶ S. 120, C 22
3200 Einwohner
Stadtplan ▶ S. 69

Die terrassenförmig steil ansteigende, auf dem 305 m hohen Sporn des Monte Rosso liegende Stadt wurde von Prosper Merimée als »die korsischste Stadt Korsikas« bezeichnet, in der sich Brauchtum, Sitten und Tradition besser erhalten haben als in anderen Städten auf der Insel. Die kleine Stadt, die man auch »Hauptstadt der Vendetta« nennt, war im Mittelalter Lehnsgut der mächtigen Seigneurs de la Rocca und lange Zeit Sitz reicher Feudalherren (»sgios«), die sich erfolgreich gegen Genua

Feiner Sand, seichtes Wasser und hohe Pinien, in deren Schatten man vor der Sonne Schutz suchen kann, zeichnen den Strand von Palombaggia (▶ S. 27, 66) aus.

wehrten. 1582 erfolgte die Einnahme Sartènes durch die Sarazenen, die ein Drittel der Bevölkerung verschleppten. Aus Sartène stammte Letizia Romallo, die Mutter Napoleons. Um einen Mord zu sühnen oder ein heiliges Gelöbnis zu erfüllen, unterzieht sich alljährlich am Karfreitag ein »catenacciu« (Geketteter) in einer etwas beklemmend anmutenden Prozession einem Bußgang durch die Stadt. Wenn er mit seinem 30 kg schweren Kreuz und der 14 kg schweren Kette durch den Ort geht und so den Gang Christi nach Golgatha symbolisiert, verwandelt sich Sartène in einen mittelalterlichen Ort. Pünktlich um 21.30 Uhr beginnt der düstere Umzug an der Kirche Sainte-Marie. Einmal im Leben Catenacciu zu sein, ist der Traum vieler Sartenais, die ihre »Kandidatur« beim Priester einreichen und manchmal bis zu 20 Jahre warten müssen (▸ MERIAN-Tipp, S. 23). Abseits dieses traditionellen Geschehens eignet sich Sartène gut für Ausflüge in das reizvolle Umland.

SEHENSWERTES
Couvent Saints-Côme-et-Damien
▸ S. 69, a 1

Das große Franziskanerkloster belgischer Mönche aus dem 19. Jh. überragt die Stadt und das Rizzanèse-Tal. Einige Tage vor Karfreitag zieht sich der »catenacciu« (▸ MERIAN-Tipp, S. 23) hierher zurück, um sich in Ruhe auf seinen schweren Gang vorzubereiten.
Cours Sœur-Amélie

Église Sainte-Marie   ▸ S. 69, b 2

An der Stelle eines 1756 eingestürzten Vorgängerbaus erhebt sich die Pfarrkirche aus mächtigen, unregelmäßigen Granitquadern mit einem durch drei Stockwerke mit Fensteröffnungen aufgelockerten kuppelgekrönten Glockenturm (1768). Im Inneren sind an der Wand links vom Hauptportal Kreuz und Kette ausgestellt, die am Karfreitag vom roten Büßer getragen werden. Seit 1830 steht hier ein polychromer barocker Marmoraltar (aus dem ehemaligen Franziskanerkloster). 1852 schnitzte Giuseppe Colonna Cesari aus Porto-Vecchio die Statue der Maria Himmelfahrt aus einem einzigen Olivenholzblock. Sehenswert sind auch die sakralen Gemälde.

Mehrere Vendetta-Fehden wurden in der Kirche beendet: zum Beispiel die zwischen den Familien Carabelli und Durazzo aus Fozzano, zwischen den Paolis und Giacomonis aus Tallano und zwischen den Pietris und Rocca Serras aus Sartène.
Place de la Libération

Place Porta   ▸ S. 69, b 2

Wer unter Korsen sein und ihrer gestenreichen Sprache lauschen möchte, sollte sich unter die Menschen auf der Place Porta mischen. Auf dem alten und malerischen Platz (Place de la Libération ist eigentlich ihr »offizieller« Name) mit vielen Straßencafés ist man nie allein. Sie ist das Herz und Kommunikationszentrum der Stadt. Ein Grund dafür ist sicher der, dass dies der einzige Ort in der Innenstadt ist, zu dem die Sonnenstrahlen vordringen können. An der Nordseite des Platzes dominieren das **Hôtel de Ville** (Rathaus), im 16. Jh. Sitz der genuesischen Offiziere, und die **Église Sainte-Marie**. Im Café »Au Bon Assis« empfiehlt es sich, die köstlichen hausgemachten Sorbets zu probieren.

MUSEEN

Musée de Préhistoire et Ethnologie ▶ S. 69, c 2

Das Museum für korsische Vorgeschichte befindet sich in einem oberhalb der Stadt gelegenen ehemaligen Gefängnis (1843).

Die hier didaktisch gut präsentierten archäologischen Funde aus Korsika umfassen den Zeitraum von 6000 bis 500 v. Chr. Im 1. Stock macht eine übersichtliche Schautafel die Urgeschichte Korsikas und seiner Bewohner deutlich. Saal 1 und 2 widmen sich der Urgesteine: Obsidiane, Feuersteine und Quarze, schwarze und glasierte Keramik; Saal 3 beschreibt die Kultur der Tafoni-Hypogäen: menschliche Knochenreste, ein Ring aus Serpentin, ein An

hänger und eine Schale mit lochmusterverziertem Fuß; Saal 4 und 5 zeigen Exponate aus der Bronze- und Eisenzeit: torreanischer Kultbau (schlichte Töpferwaren, Dolchfragmente), Keramik aus Italien, Geräte zur Herstellung von Werkzeugen und Kunstwerken (600–1600 v. Chr.). Rue Croce (Montée du Musée) • Tel. 04 95 77 01 09 • Mai–Sept. 10–18, sonst Mo–Fr 9–12, 13.30–17 Uhr • Eintritt 4 €

SPAZIERGANG

In der etwas unheimlich wirkenden Altstadt (Vieille Ville) mit ihrem Gewirr von schmalen Gassen und Treppen, düsteren Höfen, überwölbten Bögen, ineinander verschachtelten Mauern und fensterlosen sieben-

MERIAN-Tipp 9

COL DE BAVELLA ► S. 118, C 20

Der Col de Bavella gehört zu den schönsten Passstraßen im Süden der Insel. Die Berge sind nicht einmal 2000 m hoch und haben doch mit ihren Türmen und Zacken Ähnlichkeit mit den Dolomiten. So werden sie im Volksmund auch Eselsohren oder Felsengabeln genannt. Die uralten Lariciokiefern, deren mächtige Kronen vom Wind geformt wurden, bilden einen großartigen Kontrast. Der Pass ist Ausgangspunkt für Wanderer und zugleich Etappenziel auf dem Wanderweg GR 20 (► Touren und Ausflüge, S. 91).
46 km nördl. von Sartène

bis achtstöckigen Häusern aus grauem Granit, Torbögen und Hinterhöfen, fühlt man sich wie in einem geheimnisvollen Labyrinth. Von der **Place de la Libération**, der ehemaligen Place Porta, durch den Torbogen des einstigen genuesischen Gouverneurpalastes (heute Rathaus) kommt man in die Altstadt. Das Viertel Santa Anna mit einem Ecktürmchen (Echauguette) aus dem 12. Jh. ist der letzte Rest der ehemaligen Stadtmauer. Zur Altstadt gehören die Viertel **Pitraghju** (ehemalige Zitadelle) und **Manighedda** (ältestes Stadtviertel von Sartène). Zu den schönsten Gassen zählen die **Rue Caramama**, die **Rue des Voûtes** mit ihren zahlreichen Gewölbebögen, die **Rue des Frères Bartoli** mit ihren engen, überwölbten Treppen, die **Place Maggiore**, die **Passage de Bradi** und die **Place Angelo Ma-**

ria Chiappe. Von der Brüstung dieser einstigen Festung aus bietet sich ein einzigartiger Blick ins Tal und auf den Golf von Propriano.
Dauer: ca. 45 Min.

ÜBERNACHTEN

Hotel du Golfe ► S. 69, westl. a 1

Direkt am Meer • Komfortables Hotel im Fischerdorf Tizzano.
Golfe de Tizzano • Tel. 04 95 22 02 51 • www.hoteldugolfetizzano.fr • 17 Zimmer • Okt.–März geschl. • ♿ • €€€€
15 km südwestl. von Sartène

La Villa Piana
► S. 69, nordwestl. a 1

Charmant • Etwas außerhalb von Sartène gelegen. Freundlich eingerichtete Zimmer. Swimmingpool mit schönem Blick.
Route de Propriano • Tel. 04 95 77 07 04 • www.lavillapiana.com • 32 Zimmer • €€€

Hotel Rossi fior di Ribba
► S. 69, b 2

Schöner Pool • Kleines Stadthotel mit herzlicher Atmosphäre.
Route de Propriano • Tel. 04 95 77 01 80 • http://www.sartenehotel rossi.com • 22 Zimmer, 3 Appartements • €€

ESSEN UND TRINKEN

Auberge Santa Barbara
► S. 69, östl. c 2

Raffinierte Küche • Für Kenner ist das von Gisèle Lovichi geführte Restaurant eines der besten auf Korsika. Reservierung erforderlich.
Santa Barbara, Route de Propriano • Tel. 04 95 77 09 06 • www.santa barbara.fr • 15. Okt.–15. April geschl. • €€€

Auberge U Sirenu

▸ S. 69, westl. a 1

Spezialitäten vom Holzgrill • Gute, nationale Küche in schöner, ländlicher Umgebung. Mit schattiger Terrasse und Pool für die Gäste.
Lieu dit Orasi • Tel. 04 95 77 21 85 • http://aubergeusirenu.moonfruit. com • €€€

La Chaumière

▸ S. 69, b 2

Bei Einheimischen beliebt • Vorzügliche rustikale Küche und gute Weine, wie der rote Santa Barba, den man gekühlt trinken sollte.
39, rue Médecin Capitaine Benedetti • Tel. 04 95 77 07 13 • €€

EINKAUFEN

Casa di l'Artigiani

▸ S. 69, c 2

Im Haus des Kunsthandwerks gibt es Korbwaren, Stickereien, Honig und Puppen.
Cours Bonaparte

Domaine Mosconi

▸ S. 69, östl. a 1

Hier kann man die Weinprobe mit einer Besichtigung der Menhire von Palagiu (▸ S. 75) verbinden, wenn es der Eigentümer erlaubt.
Route de Tizzano • Tel. 04 95 70 49 42 • http://domaine-mosconi.com

AM ABEND

Centre Culturel Laurent Casanova

▸ S. 69, b 2

Das Kulturzentrum Laurent Casanova bietet neben Filmen und Vorträgen manchmal auch Tanzabende.
Rue Nicolas Pietri • Tel. 04 95 77 19 33 • www.centreculturel sartene.com

SERVICE

AUSKUNFT

Office de Tourisme

▸ S. 69, b 2

14, Cours Sœur Amélie • Tel. 04 95 77 15 40 • www.oti-sartenais valinco.com

Ähnlichkeit mit den Dolomiten haben die Berge rund um den Col de Bavella (▸ MERIAN-Tipp, S. 70). Die schöne Passstraße ist von Lariciokiefern gesäumt.

Meisterwerke der Megalithkultur vor 3000 Jahren sind die Statuen, die in der weitläufigen prähistorischen Stätte von Filitosa (▸ S. 73) zu sehen sind.

Ziele in der Umgebung

◎ **Alta Rocca**

▸ S. 120/121, C 21/D 21

Die dünn besiedelte Bergregion ist ein einzigartiges Wandergebiet: Duftende Macchia, riesige Kastanien- und sattgrüne Eichenwälder, glasklare Quellen und anmutige Schäfereien zeichnen die Landschaft aus. In der Nähe der kleinen Ortschaften **Aullène, Cucuruzzu, Levie, Quenza** und **Zonza** liegen zahllose **prähistorische Stätten** mit sehenswerten Steingräbern, Dolmen und Menhiren, die erst 1959 bei Luftaufnahmen vom 900 m hohen Granitplateau **Pianu di Levie** entdeckt wurden, wie zum Beispiel das 3,2 mal 17 m große **Steinkistengrab von Caleca**, die torreanische Festung **Castellu di Cucuruzzu** und die torreanische Siedlung **Castellu di Capula** mit einer Menhirstatue.

◎ **Aullène**　　　▸ S. 120, C 21

138 Einwohner

Sehenswerte Pfarrkirche mit schönem Chorgestühl und Kanzel mit Schnitzereien, die an die häufigen Sarazenenüberfälle erinnern. Die Kanzel wird von vier exotischen Schuppentieren gestützt, die von einem Mohrenkopf getragen werden. 34 km nordöstl. von Sartène

◎ **Castellu di Cucuruzzu**

▸ S. 121, D 21

Die Reste einer torreanischen Siedlung auf einem Hügel (2. Jh. v. Chr.) werden von einer mächtigen Umfassungsmauer aus Zyklopenmauerwerk begrenzt. Die gewaltige Cella aus aufgerichteten Steinen hat einen Durchmesser von 3 m. Die Anlage wurde erst 1959 bei Luftaufnahmen aus dem Flugzeug entdeckt. 27 km nordöstl. von Sartène

Prähistorische Stätte Filitosa ⑥ 👪   ▸ S. 120, B 21

Von Weitem grüßt die rätselhafte Filitosa V., die mächtigste und best-bewaffnete Menhir-Statue Korsikas. Im fruchtbaren Tal des Taravo be-gannen vor 3000 Jahren die Mega-lithiker Dolmen und Menhire aus dem lokalen Stein zu schaffen. Die Tempelburg auf dem Hügel ist von einer zyklopischen Ringmauer ein-gefasst, die meisten der 20 bewaff-neten Menhirstatuen befinden sich außerhalb der Ringmauern. Inner-halb der Tempelburg liegen das Zent-ral-, das West- und das Ostmonu-ment sowie die Fundamente eines torreanischen Dorfes. Die größte Kostbarkeit heißt Filitosa IX. – das schönste Stück der Megalithkultur in Europa.

Rechts vom Eingang befindet sich das **Centre de Documentation Archéo-logique** mit einem kleinen Museum. www.filitosa.fr • Ostern – Ende Okt. tgl. 8 Uhr bis Sonnenuntergang • Eintritt 6 €
32 km nordwestl. von Sartène

Fozzano   ▸ S. 120, C 21
195 Einwohner

Das abgelegene Dorf erreicht man von Propriano über den Col de San-ta Giulia. Die »Sarazenentürme« ge-nannten, festungsähnlichen Wohn-häuser waren einst Schauplatz einer Vendetta zwischen den Familien Du-razzo und Carabelli, deren Lebens-geschichte der französische Dichter Prosper Mérimée zum Hintergrund seines Romans »Colomba« machte. Die turmartigen Bauten sind gut er-halten und erinnern noch heute an die frühere Macht der rivalisieren-den lokalen Herrscher.
13 km nördl. von Sartène

SEHENSWERTES
Santa-Maria-Figaniella   ▸ S. 120, C 21

1 km nördlich von Fozzano steht die sehenswerte romanische Kirche San-ta Maria Figaniella (12. Jh.) mit fan-tastisch geschmückten Kragsteinen: menschliche Masken, Widderköpfe, Schlangen und geometrische Motive. Die Apsis wird teilweise von einem eleganten Glockenturm (18. Jh.) ver-deckt. Von der Kirche genießt man eine herrliche Aussicht.
1 km nördl. von Fozzano

Levie   ▸ S. 121, D 21
696 Einwohner

Hier gibt es eine sehenswerte Pfarr-kirche (Kruzifix aus Elfenbein) und ein kleines archäologisches Museum mit den Funden vom Plateau de Pianu (Capula, Cucuruzzu).
28 km nordöstl. von Sartène

MUSEEN
Musée de l'Alta Rocca

Größte Sehenswürdigkeit ist das Skelett der »Dame von Bonifacio« (6570 v. Chr.). Anfahrt über D 69/D 268 • Tel. 04 95 78 46 34 • Juni–Sept. tgl. 9–18, sonst Di–Sa 9–12 und 14–17 Uhr • Eintritt 2 €

Mégalithes de Cauria   ▸ S. 120, B 23

10 km südlich von Sartène stößt man auf drei bemerkenswerte megalithi-sche Kulturmonumente: Das große Steingrab des **Dolmen von Fonta-naccia** gilt als der am besten erhalte-ne korsische Dolmen. Er besteht aus sechs senkrechten Pfeilern und einer 3 t schweren Deckplatte. Die Grab-kammer ist 2,5 m lang, 1,6 m breit und 1,8 m hoch.

Die Menhire der Steinallee von Stantari
(▶ S. 74) blicken alle nach Osten.

Eindrucksvoll ist auch die **Steinallee (Alignement) von Stantari:** 20 Menhire, die von einer Mauer umschlossen sind (2. Jh. v. Chr.). Sie stellen getötete torreanische Krieger dar und lassen das im Relief quer dargestellte Langschwert und die am Kopf befindlichen Löcher für die Hörner des Helmschmuckes erkennen.

Die **Steinallee (Alignement) von Renaggiu** besteht aus mehreren kleineren Menhiren und Menhir-Bruchstücken; man findet sie in einem Steineichenwäldchen.

10 km südl. von Sartène

◎ **Propriano**   ▶ S. 120, B 22
3000 Einwohner

In diesem Küstenort pulsiert im Sommer das Leben, den Rest des Jahres wirkt er etwas verschlafen.

Lange Sandstrände beginnen zu beiden Seiten des Jachthafens. Guter Stützpunkt für Bade- und Wassersport und für Ausflüge ins Hinterland. Die Thermalanlage **Les Bains de Baracci** liegt nur wenige Kilo-

meter abseits. Eine der schönsten Genueserbrücken der Insel, **Spin'a Cavallu**, überspannt etwa 10 km östlich von Propriano den Rizzanese.

11 km nordwestl. von Sartène

ÜBERNACHTEN

Roc e Mare

Zimmer mit Meerblick • Hoch über dem Golf von Valinco liegt das Hotel mit eigenem Strand.

23, route de la Corniche • Tel. 04 95 76 04 85 • www.rocemare.fr • 62 Zimmer • €€€€

Beach Hotel

Direkt am feinen Sandstrand • Das Hotel besticht durch seine Lage. Die Zimmer sind eng, dafür mit Balkon und Meerblick. Guter Standort, um den Süden Korsikas zu erkunden.

Avenue Napoleon • Tel. 04 95 76 17 74 • 17 Zimmer • €€

ESSEN UND TRINKEN
Le Cabanon

Postkarten-Aussicht • Wunderschön am Hafen gelegen, Blick auf Segelboote und Berge dahinter. Köstliche Gerichte, vor allem Fisch und Meeresfrüchte.

26, ave Napoléon III • Tel. 04 95 76 07 76 • €€

SERVICE
AUSKUNFT
Office du Tourisme

Port de Plaisance • Tel. 04 95 76 01 49 • www.propriano.net

◎ **Roccapina/Rocher du Lion**
            ▶ S. 120, B 23

Der rosa Granitfelsen in der Nähe eines ehemaligen genuesischen Wachturms hat die Form eines Löwen.

21 km südl. von Sartène

ESSEN UND TRINKEN

L'Oasis du Lion

Korsische Fischspezialitäten • Nach einem Klippenspaziergang schmeckt es hier besonders gut. Außerdem bietet das Lokal eine gute Gelegenheit, um den Blick auf den Rocher du Lion zu genießen.

Col. de Roccapina •
Tel. 04 95 73 49 89 • €€

◎ **Sainte-Lucie-de-Tallano**

1200 Einwohner   ▶ S. 120, C 21

Das Bergdorf wurde wegen seines einzigartigen Kugeldioriten-Steinbruchs bekannt, aus dem sich Michelangelo für die Medici-Kapelle in Florenz bedient haben soll. Sehenswert ist die Kirche Saint-François (im ausgehenden 15. Jh. von Rincuccio della Rocca gestiftet) mit einem weißen Marmorrelief (1498) und zwei Altarbildern.

19 km nordöstl. von Sartène

◎ **Tizzano**   ▶ S. 120, B 23

Tizzano ist ein hübscher, vom Tourismus noch vergleichsweise wenig berührter Fischerort an der **Baie d'Avena**. Er erstreckt sich zwischen einem 1 km langen schönen Sandstrand und einer tief eingeschnittenen Bucht, der gegenüber sich die Ruinen eines ehemaligen Genueserforts erheben.

4 km vor Tizzano erkennt man die **Steinallee von Palagiu** – die größte Gruppe von Stelen und Menhiren auf Korsika, die 258 Monolithe umfasst. Nach Vermutungen des Forschers Graf von Keyserlingk gehören die Alignements de Palagiu zu einem komplexen astronomischen Beobachtungssystem, zu dem auch der Dolmen von Fontanaccia zählt. Eine Besichtigung ist jedoch nur bedingt möglich, vor allem in der Hochsaison (Privatgrund).

15 km südwestl. von Sartène

Inmitten von Olivenhainen, Obstbäumen und Weingärten liegt das malerische Bergdorf Sainte-Lucie-de-Tallano (▶ S. 75).

Corte und die Inselmitte

Korsikas einzige Universitätsstadt liegt inmitten hoher
Berge, Seen, Wälder und Kastanienhaine. In dieser Region
zeigt sich die Insel von ihrer alpinen Seite.

◂ Einst Adelssitz, dann Gefängnis: Die Citadelle von Corte (▸ S. 77) beherbergt heute das korsische Nationalmuseum.

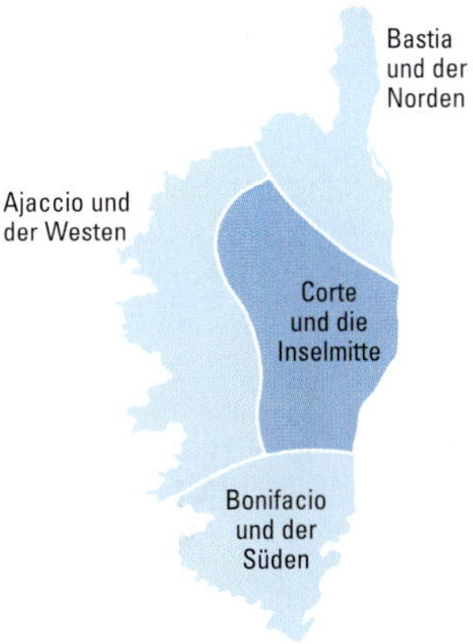
Bastia
und der
Norden
Ajaccio und
der Westen
Corte
und die
Inselmitte
Bonifacio
und der
Süden

Bei einer Fahrt durch das Inselinnere trifft man immer wieder auf ursprüngliche Dörfer, in denen die Korsen ihrem Alltag nachgehen. Dass man die Insel auch als »Gebirge im Meer« bezeichnet, wird bei einer Fahrt auf den kurvigen, z. T. schmalen Straßen sehr schnell verständlich. Tief schneiden sich Täler wie Restonica, Tavignano, Asco, Niolo in die Bergwelt ein. Sie sind ideale Zugänge zu den höchsten Bergen der Insel. Zentrum ist die Paolistadt Corte, die mit der historischen Eisenbahn auch ohne eigenes Fahrzeug bequem erreichbar ist. Für Wanderer ein idealer Stützpunkt für Touren im Gebirge. Adrette Orte, prähistorische Funde und schroffe Felsnadeln kennzeichnen den südlichen Teil des Inlandes.

Corte

▸ S. 113, F 7

5500 Einwohner

Stadtplan ▸ S. 79

In Corte schlägt das freiheitliche Herz der Insel. Hier soll Ugo della Colonna gelebt haben, der die Mauren vor mehr als 1000 Jahren von der Insel jagte, und man erinnert sich stolz an die 14 freien Jahre (1755–1769), in der Corte die Haupt- und Universitätsstadt Korsikas war. Hier ließ Paoli über die Verfassung abstimmen, und hier trat einmal im Jahr der korsische Nationalrat zusammen. »So cursu ne so fieru« (Ich bin stolz darauf, ein Korse zu sein) steht an den Wänden der Universität und »Terra corsa a i corsu« (Korsika den Korsen) am Eingang der Zitadelle, die sich über den Tälern der Restonica und des Tavignano erhebt. Seit 1981 ist Corte wieder Universitätsstadt.

SEHENSWERTES

Campanile Saint-François

▸ S. 79, östl. c 3

Der einzige dreieckige Campanile aus dem 15. Jh. in Europa steht mitten auf dem Universitätscampus.

Citadelle

▸ S. 79, a 3/4

Oberhalb der früheren Place d'Armes (Exerzierplatz) erheben sich auf einem 100 m hohen Felsen die Akropolis der Stadt, die Zitadelle und das ehemalige Schloss des Vincentello d'Istria aus dem 15. Jh. Die Zitadelle war zuerst Sitz korsischer Feudalherren, später residierten hier Genuesen und Franzosen. Eine Zeit lang war sie Haftanstalt für politische Gefangene, im Zweiten Weltkrieg internierten dort die Italiener korsische Patrioten. 1962 wurden Einheiten der Fremdenlegion in der Festung kaserniert.

Im Sommer dient die Zitadelle als Kulisse für Theateraufführungen und Konzerte. Von den Befestigungsanlagen hat man bei gutem Wetter einen schönen Blick auf Corte und Umgebung. Ein Teil der Zitadelle wird heute vom **Musée de la Corse** ♀♂, dem korsischen Nationalmuseum, eingenommen, welches das traditionelle Leben der Hirten und Bauern sowie das moderne Korsika zeigt. Tel. 04 95 45 25 45 • www.musee-corse.com – Citadelle • April–Okt. tgl. 10–18 Uhr, Sommer bis 20 Uhr, im Winter So/Mo geschl. • Eintritt 5,30 €

Église de l'Annonciation
▶ S. 79, b 4

Im Inneren sind eine holzgeschnitzte Kanzel aus dem früheren Franziskanerkloster, ein Marmoraltar und Chorgestühl (16. Jh.), ein Tabernakel sowie in der Sakristei eine Marienstatue aus Marmor (17. Jh.) einen genauen Blick wert.

Links vom Chor steht der Geburtsschrein des Schutzpatrons der Stadt: Blaise de Signori (1676–1740) trat unter dem Namen Théophile de Corte in den Franziskanerorden ein und wurde 1930 kanonisiert. In der ihm geweihten Kapelle sieht man ihn in Wachs nachgebildet (1979) auf dem Totenbett. Hier wurde Joseph Bonaparte, der Bruder Napoleons, getauft.

Place Gaffori

Maison Joseph Bonaparte et Arrighi di Casanova ▶ S. 79, b 4

In diesem Haus lebten die Eltern Napoleons, hier wurde sein Bruder Joseph geboren, der spätere König von Spanien (1768–1844). Und auch Arrighi di Casanova, kaiserlicher General und Herzog von Padova (1778–1853), wohnte hier.

Place du Poilu

Place Duc-de-Padoue ▶ S. 79, b 2

Auf diesem lang gestreckten Platz erhebt sich die Statue des Generals Arrighi de Casanova von Auguste Bartholdi, der aus Corte stammt und Herzog von Padua wurde.

Place Gaffori ▶ S. 79, b 4

Vor dem 1750 von den Genuesen belagerten Haus des Generals wurde 1901 eine Bronzestatue des Freiheitshelden in der Uniform des »Obersten Führers der Korsen« aufgestellt. Die Episode aus der Belagerung von 1750 ist auf dem Sockel des Denkmals im Bas-Relief zu sehen. Die Fassade zeigt noch die Einschläge.

Place Paoli ▶ S. 79, b 4

In der Mitte des pulsierenden Platzes steht in Stulpenstiefeln, Frack, Jabot und Lockenperücke die Bronzefigur des korsischen Nationalhelden Pasquale Paoli, der Korsika für 14 Jahre die Unabhängigkeit sicherte. Im Blickfeld des »Babbu« konzentriert sich das Leben, verabredet man sich auf eine »pastizzata«. Von hier führt die Rue Scolisca in die kopfsteingepflasterten Gassen der Oberstadt.

Ville Haute ▶ S. 79, b 4/5

Cortes Altstadt hat sich mit historischen Häusern, Treppen, Gassen und kleinen Plätzen noch viel mittelalterliche Atmosphäre bewahrt. Den schönsten Blick auf die schiefer- und ziegelgedeckten Häuser hat man von den Mauern der Stadt und vom **Belvédère**, einem Aussichtspunkt auf einer Felsspitze gegenüber dem ältesten Teil der Festung. Das malerische Ambiente der Oberstadt ist durch die Pläne der Regierung, Corte zum kulturellen Mittelpunkt der Insel zu machen, bedroht.

Corte

MUSEEN

Musée de la Corse ▶ S. 79, a 4
▶ Citadelle, S. 77

SPAZIERGANG

Ausgangspunkt ist der **Palais National** aus genuesischer Zeit. Wenige Schritte entfernt liegt die **Place Gaffori** mit dem Haus des korsischen Generals und Freiheitskämpfers Gianpietro Gaffori. An der Südseite erhebt sich der schlanke Glockenturm der **Église de l'Annonciation** mit dem Wachsmodell des hl. Théophile, des Schutzpatrons der Stadt. Vorbei am Palais National führt der Weg zur **Citadelle**, der einzigen Festung im Landesinneren.
Dauer: ca. 45 Min.

ÜBERNACHTEN

De la Paix ▶ S. 79, c 2
Ruhige Lage • Hotel im Stil der Dreißigerjahre mit renovierten, komfortablen Zimmern.

15, av. du Général-de-Gaulle • Tel. 04 95 46 06 72 • http://hoteldelapaix-corte.fr • 63 Zimmer • €€

Sampiero Corso ▶ S. 79, c 4
Modern und funktional • Komfortables Hotel mit Garten, günstig im Stadtzentrum gelegen.
Av. du Président-Pierucci • Tel. 04 95 46 09 76 • 31 Zimmer • €€

Auberge de la Restonica
▶ S. 79, südwestl. a 6
Unterkunft mit Flair • Antiquitäten, Souvenirs aus Afrika, individuell eingerichtete Zimmer. Restaurant, Pool.
Vallée de la Restonica • Tel. 04 95 45 25 25 • 7 Zimmer • €€€
4 km von Corte

ESSEN UND TRINKEN

U Museu ▶ S. 79, a 4
Fleisch- und Fischspezialitäten • Gepflegtes Restaurant direkt neben der

Denkmal des korsischen Freiheitskämpfers Gaffori vor dem Haus auf der Place Gaffori (▶ S. 78), das noch Einschläge von der Belagerung im Jahr 1750 zeigt.

Zitadelle. Man sitzt sehr schön sowohl auf den Terrassen als auch innen. Auch korsische Spezialitäten.
Rampe Ribanelle • Tel. 04 95 61 08 36 • €€

A Scudella ▶ S. 79, b 4
Schlichtes Ambiente • Mitten im Zentrum von Corte gelegenes Restaurant. Serviert wird eine traditionelle korsische Küche.
2, place Paoli • Tel. 04 95 46 25 31 • €

SERVICE
AUSKUNFT
Office du Tourisme ▶ S. 79, b 3
Zitadelle • Tel. 04 95 46 26 70 • www.corte-tourisme.com

Ziele in der Umgebung
◉ Aléria 🗺 ▶ S. 119, E 17
Die 15 ha große Ausgrabungsfläche der phokäischen Gründung (565 v. Chr.) **Alalia** mit der alten Hauptstadt der Insel liegt auf einem etwa 70 m hohen Plateau am rechten Ufer des Flüsschens Tavignano. In der antiken Nekropole (Totenstadt) hat man Kammergräber und Grabbeigaben, Feuerstätten, Brandgräber und ganze Begräbnisstraßen entdeckt. Von 500 bis 340 v. Chr. war Aléria eine griechische Siedlung, dann folgte die Übernahme durch die Römer. Höchst informativ ist die eigentliche Ausgrabungsstätte der antiken Stadt Aléria: ein Ensemble mit Forum und Tempel, mit Bädern und Prätorium, dem Sitz des Gouverneurs, der vor 2500 Jahren von hier aus über ganz Korsika herrschte, mit Straßen und Wällen. Sehenswert ist auch das **Fort Matra** (1572), mit dem Musée Jérôme-Carcopino.
48 km südöstl. von Corte • Anfahrt von Corte über N 200

MUSEEN
Musée Jérôme-Carcopino
Im Erdgeschoss von Fort Matra ist ein nach dem Archäologen Jérôme Carcopino (1881–1970) benanntes Museum untergebracht, mit kostbaren archäologischen Funden aus der vorrömischen Totenstadt und der späteren römischen Kolonie.
Saal 1: religiöses und wirtschaftliches Leben zur Spätzeit des römischen Imperiums (Münzen, Amphoren, Keramik); Saal 2: Aléria vor der römischen Herrschaft (rote, verzierte Keramik aus Arezzo, Keramik aus Gallien, Rekonstruktion eines römischen Grabes); Saal 3: das römische Aléria (schwarze Keramik, bemalte Keramik aus Etrurien, weiße Keramik aus der Campania); Saal 4: Aléria vor der römischen Herrschaft (Grabfunde, Objekte aus Iberien; attische Schale des Panaitos-Malers um 480 v. Chr.); Saal 5: älteste Funde (Rekonstruktion einer Stratigrafie,

MERIAN-Tipp ⭐ 10

AUBERGE DE LA RESTONICA
▶ S. 79, südwestl. a 6
Gut 4 km südwestlich von Corte werden in einem idyllisch gelegenen alten Holzhaus einfache, aber ausgezeichnete korsische Spezialitäten serviert: hausgemachte Würste, Ziegenfleisch, wild wachsender Bergspargel und einheimischer Schafkäse. Die dazugehörige Wandererherberge (▶ S. 80) ist sehr gefragt.
Corte • Route de Restonica • Tel. 04 95 46 09 58 • www.aubergerestonica.com • €€
4 km südwestl. von Corte

Kratere des Dinos-Malers um 425 v.Chr.); Saal 6–11: Funde aus der Nekropole (attische Keramik, Esels- und Hundekopf, Kratere, Helme und Bronzeschmuck).

Fort de Matra (an der N 198 bei Aléria) • Tel. 04 95 57 00 92 • 16. Mai–30. Sept. tgl. 8–12 und 14–19 Uhr, sonst 8–12 und 14–17 Uhr, 1. Nov.–1. April So geschl. • Eintritt 2 €

◎ Ascotal ▸ S. 113, E 10

Das Hochtal ist einer der besten Stützpunkte für Wanderer und Bergsteiger. Die 35 km lange Sackgasse endet nach einer teilweise atemberaubenden Strecke im weiten Talkessel Haute Asco. Hochalpine Landschaft, schroffe Felswände, Schluchten, Gebirgsbäche. So ist das Berghotel »Le Chalet« mit Wanderherbergen auch ein beliebter Ausgangspunkt für die Besteigung des Monte Cinto, dem mit 2707 m höchsten Gipfel Korsikas. Der GR 20 führt auf dem Grat entlang.

57 km nördl. von Corte

◎ Bozio ▸ S. 114, B/C 11

In der unzugänglichen Berglandschaft des Bozio östlich von Corte liegen die acht entlegenen Dörfer, die sich zum SIVOM (Syndicat intercommunal à vocation multiple) zusammengeschlossen haben, um ihr reiches kulturelles Erbe zu erhalten. Besonders sehenswert sind die romanischen Kapellen mit ihren einzigartigen Fresken: z.B. **Santa Maria Assunta** 🔳 (Favalello) aus dem 15. Jh. und **San Nicolau** (Sermano, ebenfalls aus dem 15. Jh.). In den abgelegenen Dörfern kann man noch heute die alte korsische Musik hören (»paghjella«), die von drei Männerstimmen in den Tonlagen Tenor, Bariton und Bass a capella interpretiert wird.

Das Bozio wird von einer Wanderroute »Von Dorf zu Dorf« (»Da Paese a Paese«) erschlossen. Informationen sind bei der Verwaltung des Parc Naturel Régional de la Corse (▸ S. 18) erhältlich.

Zufahrt: Richtung Aleria (N 200) und nach 5 km auf die D 39 nach Norden, weiter auf der D 41

◎ Castiglione ▸ S. 113, F 6

Von der Gipfelplattform des **Monte Cecu** nördlich von Corte bietet sich aus 754 m Höhe ein weites Panorama: Corte, die Tavignanu-Schlucht und der Monte Rotondo im Süden, die roten Bergspitzen der Aiguilles de Popolasca im Norden. Sehenswert die vorromanische **Kapelle Saint-Michel** mit einem Dachstuhl aus Kastanienholzbalken; in der Apsis Fresken aus dem 15. Jh. mit einem von den Attributen der vier Evangelisten eingerahmten Christus, darunter die Apostel; rechts und links des mit einem Rautenmuster verzierten Bogens erscheinen die Verkündigungsengel und die Jungfrau Maria sowie Maria mit dem Kind und der hl. Michael.

15 km nördl. von Corte

◎ Gorges de la Restonica 🔴9 ▸ S. 113, F 7/8

Die Wildwasserschlucht ist auf etwa 15 km mit dem Auto befahrbar (D 623). Sie ist Ausgangspunkt für viele Wanderungen, etwa zu den Bergseen **Melo** und **Capitello**, die als die schönsten Korsikas gelten. Kurz hinter dem Campingplatz ist von Mitte Juni bis Mitte September eine Informationsstelle stationiert, die auch Karten ausgibt.

Ein Höhepunkt jeder Korsika-Reise ist eine Wanderung durch die wildromantische Schlucht Gorges de la Restonica (▶ S. 82) in der Nähe von Corte.

Anfahrt: von Corte aus bei der Brücke auf die D 623 abbiegen
7 km südl. von Corte

◉ **Niolo**   ▶ S. 113, D 7/F 6

Zwischen der Balagne im Westen und der Castagniccia im Osten liegt das höchstgelegene Plateau der Insel (2706 m) mit den gewaltigen Massiven des **Monte Cinto** im Norden, der **Paglia Orba** im Westen, der **Punta Artica** im Süden und der **Scala di Santa Regina** im Nordosten. Der **Forêt de Valdo-Niello**, der größte korsische Forst mit majestätischen Laricio-Kiefern, ist das ethnische Herz der Insel – hier leben die Nachfahren islamisierter Korsen, die das überlieferte Erbe der korsischen Volkslieder bewahrt haben. Sehenswert sind das größte Dorf des Niolo, **Calacuccia** mit seiner Pfarrkirche (Kruzifix auf dem Hochaltar) und das Hirtendorf **Casamaccioli**. Im Niolo findet man auch Spuren prähistorischer Besiedlung, wie eine Natursteinhöhle am Westrand von **Albertacce** (Albri Albertini) mit Fundstücken aus dem 6. Jahrtausend v. Chr., Menhirstatuen (Ponte Altu), Dolmen (Casamaccioli), Befestigungsanlagen (Marze, Castelle, Capu di u Castellu) etc. Sehenswert: das kleine **Privatmuseum** mit archäologischen Funden aus dem Niolo und die Dolmen von Niolo.

Im Niolo bieten sich zahlreiche Wandermöglichkeiten an. Es muss nicht unbedingt der anstrengende Aufstieg zum höchsten Gipfel, dem **Monte Cinto**, sein. Sehr lohnend sind auch die Wanderungen durchs Virotal, die Tageswanderung zum Monte Albano oder zur Paglia Orba. Am nahen Col de Vergio quert der berühmte GR 20 die Passstraße und bietet einen guten Einstieg.
35 km nordwestl. von Corte

SEHENSWERTES
Scala di Santa Regina
▶ S. 113, E/F 7

Die »Treppe der Heiligen Königin« ist der Legende nach ein Werk der Jungfrau Maria. Als der Teufel einmal in großem Zorn diese gewaltige Schlucht schuf, die die Menschen nicht mehr überqueren konnten, wandte sich der hl. Martin an die Jungfrau Maria, die riesige Felsblöcke löste, sodass ein Zugang zum abgeschnittenen Hochgebirgstal des Niolo wieder möglich war.

Diese wilden Schluchten aus Granit stellen eine der bemerkenswertesten Felslandschaften Korsikas dar. Die schmale Straße schlängelt sich auf etwa 20 km durch den Engpass. Ein Abstieg in die Schluchten stellt ein Risiko dar, da sich der Wasserpegel jederzeit schnell ändern kann, wenn Wasser aus dem Stausee von Calacuccia abgelassen wird.

Anfahrt: Von Corte kommend auf der D84 in der engen, atemberaubenden Passage vor Calacuccia

ESSEN UND TRINKEN
Chez Jacqueline
▶ S. 113, F 7

Reichhaltige Menüs • Charmantes Haus am Fuß der atemberaubenden Scala di Santa Regina.

Pont de Castirla • Tel. 04 95 47 42 04 • nur Mittagstisch • €€

15 km nördl. von Corte

◎ Tavignano-Tal
▶ S. 113, F 7

Gleich bei Corte beginnt das Tavignano-Tal, das von dem kleinen Bergbach durchflossen wird. Keine Straße, doch ein schöner Wanderweg auf einem alten Maultierpfad erschließt das vergleichsweise einsame Tal.

Der Weg führt hinauf ins Gebirge zum Wanderweg GR 20. Nach 1,5 Stunden erreicht man einen schönen Badeplatz am Bach.

Am Ortsrand von Corte

◎ Venaco
▶ S. 114, B 12

750 Einwohner

Der kleine Fremdenverkehrsort, 600 m hoch über dem Vecchiu-Tal, liegt am 2453 m hohen Monte Cardo in einer idyllischen Edelkastanienlandschaft.

Neben alten Häusern mit schönen Portalvorbauten ist besonders die manieristisch-barocke **Pfarrkirche Saint-Michel** sehenswert. Weiter südlich liegt der **Parc de Verghello**, ein etwa 100 ha großes Schutzgebiet für Wildschafe.

2,5 km in Richtung Corte liegt der Felsvorsprung **Col de Bellagranajo** (723 m). Hier geraten Eisenbahnnos-

WUSSTEN SIE, DASS …

… das korsische Mufflon die reinste Form des Wildschafes ist und sich seit der Römerepoche auf der Insel verbreitet hat? Heute wird der Bestand auf 1000 Tiere geschätzt.

talgiker ins Schwärmen: Zwischen Venaco und Vivario überspannt der zwischen 1892 und 1893 von Gustave Eiffel errichtete, 96 m hohe und 149 m lange und spektakuläre Eisenbahnviadukt den wilden Vecchiu-Fluss. Kurz hinter der Brücke erkennt man Reste des **Fortin de Pasciolo**. Von Venaco aus führen gut ausgeschilderte Wanderwege ins **Bozio** (▶ S. 82).

12 km südl. von Corte

ÜBERNACHTEN
Paesotel E Caselle
▶ grüner reisen, S. 17

MICHELIN serviert die besten Beifahrer.

721 National **721**
MICHELIN
FRANKREICH
FRANCE

MICHELIN
Korsika

MICHELIN
Provence-
Côte-d'Azur

Die MICHELIN-Kartographie – Ihr unentbehrlicher Reisebegleiter für Frankreich.

MICHELIN
Wir bringen Sie weiter

Der Fernwanderweg GR 20 (▶S. 91) führt
quer über das korsische Hochgebirge.
Ein Höhepunkt ist der Weg über den Col
de Bavella (▶ MERIAN-Tipp, S. 70).

Touren und
Ausflüge

Atemberaubende Straßen entlang der Westküste,
eine Fahrradtour durch den »Garten der Insel« und
herrliche Wanderungen kennzeichnen die Vielfalt.

Der wilde Westen – Mit Boot, Auto und zu Fuß die Calanche entdecken

CHARAKTERISTIK: Die Tour kann entweder als gemütlicher Bootsausflug oder als Wanderung direkt ab der Autostraße absolviert werden **DAUER:** jeweils 1 Tag **LÄNGE:** 12 km auf der Straße von Porto bis Piana; ca. 15 km entlang der Küste bis Capo Rosso **EINKEHRTIPP:** Chalet des Roches Bleues, an der Küstenstraße D 81, Piana, Tel. 04 95 27 81 19 €€

KARTE ▶ S. 112, A/B 8

Blick über die Calanche bei Piana auf den Golf von Porto (▶ S. 49).

Der **Golf von Porto** mit seinen rotbraun aufragenden Felsformationen gehört zu den schönsten Küstenpartien Korsikas. Die sogenannte **Calanche** bildet den Höhepunkt der schroffen Westküste. Es sind bizarre Felsformationen mit Löchern, Rissen oder Kanten. Was wie ein Schweizer Käse aussieht, den zusätzlich die Mäuse bearbeitet haben, ist ein Werk von Wind, Wasser und Temperaturunterschieden. Die rötliche Färbung ist auf den hohen Eisenoxydgehalt in dem Gestein zurückzuführen. Was die Natur über Jahrtausende geschaffen hat – ein Châ-

teau, einen Hundekopf … –, kann man hautnah auf kurzen Wanderwegen erleben und genießt dabei einen grandiosen Blick auf den Golf von Porto. Der schönste Abschnitt der Calanche wird durch die kurvige Küstenstraße von Porto bis Piana erschlossen. Besonders schön ist es hier am frühen Morgen. Später wird es zur Hauptsaison voll, und Reisebusse blockieren die schmale Straße. Vom Meer aus bietet sich wieder eine ganz andere Perspektive auf die über 1000 m aufragende Küste. Ausflugsboote fahren ab Porto dicht am Ufer entlang, und manche schaffen es sogar, durch Torbögen hindurchzukommen, die von den Felsen geformt wurden. Wie Spielzeugautos wirken aus dieser Perspektive die hupenden Ausflugsbusse auf der kurvigen Küstenstraße.

Wer den Schneid hat, einen Zodiak mit Außenbordmotor zu steuern, der kann diese Schlauchboote im Hafen mieten (führerscheinfrei) und damit in jede Grotte, jede Bucht fahren und die Vielfalt der Calanche im eigenen Rhythmus genießen. Zum Baden, Schnorcheln und Felsenspringen bieten sich unzählige Möglichkeiten. Handtuch, Badesachen und eine reichhaltige »Brotzeit« mit Getränken sollte man bei dieser Fahrt auf jeden Fall dabei haben.

Die Balagne – Mit dem Fahrrad durch den Garten der Insel

CHARAKTERISTIK: Die gewundenen Sträßchen der Balagne, wo sich hinter jeder Kurve ein neuer Ausblick eröffnet, sind wie geschaffen für Radfahrer **DAUER:** gute Tagestour **LÄNGE:** ca. 70 km **EINKEHRTIPP:** La Rascasse, Quai d'Honneur, Saint-Florent, Tel. 04 95 37 06 99 €€€
KARTE ▶ S. 89

Die Fahrradtour durch die Balagne startet in **Calvi**. Von hier aus sind es 10 km auf der N 197 nach **Lumio**, das 200 m über dem Meer liegt und von dessen Friedhof man einen tollen Ausblick auf Calvi und den Golf hat. Weiter geht es auf der D 71 über **Lavatoggio** nach **Cateri**. Wer die stark befahrene Nationalstraße (N 197) meiden möchte, der wählt besser 4 km nach Calvi die Straße nach **Calenzana** (D 151) und schon bald nach der Abzweigung die weniger frequentierte D 451 nach Montegrosso und weiter nach Cateri. In beiden Fällen geht es gut 500 Höhenmeter hinauf, bis man die »Balkondörfer« mit der herrlichen Aussicht auf den Golf erreicht

hat. Die weitere Strecke führt in leichtem Auf und Ab über Avapessa und Muro nach **Feliceto** (367 m hoch). Für die einzigartige Kapelle La Trinità lohnt sich der kurze Abstecher nach **Aregno**. Der verschiedenfarbige Stein und die schlichten Figuren machen sie zu einer der interessantesten Kapellen aus pisanischer Besiedelung. Nach weiteren 9 km kommt man ins malerische **Speloncato**, das als eines der schönstgelegenen Dörfer der Balagne gilt und ein idealer Ausgangspunkt für Wanderungen ist. Auf unzähligen Kurven geht es über **Costa** nach **Belgodère**, von wo aus man nach einer schönen Abfahrt bei **Lozari** wieder ans Meer gelangt.

Wandern an der Westküste – Mit dem Duft der Macchia und dem Blick zum Meer

CHARAKTERISTIK: Die Wanderung führt durch großartige Küstenlandschaft, übernachtet wird in einfachen Herbergen **DAUER:** Calenzana–Cargèse 9–10 Tage. Tagesetappen von 4–7 Std. Auch Teilpassagen möglich **HÖHENUNTERSCHIEDE:** Verläuft zwischen Meereshöhe und max. 1100 m **EINKEHRTIPP:** Jeden Tag wenigstens am Abend

KARTE ▶ KLAPPE VORNE und S. 112, C 6–S. 116, B 13

»Mare e Monti – Nord« nennt sich die wohl schönste Wanderung entlang der Westküste Korsikas. Für diese Route wurden teilweise alte Hirtenwege wieder vom Buschwerk befreit und instand gesetzt. Der Weg ist im Frühjahr, wenn alles blüht und duftet, mit nichts zu vergleichen. Zudem führt er durch teilweise abgelegene Bergdörfer, an herrlichen Bergbächen vorbei, durch Wälder und bietet immer wieder grandiose Ausblicke über die Küste bis zum Meer, das er manchmal auch streift. Auch wenn es immer wieder ordentlich rauf und runter geht, sind die Tagesetappen nicht zu anstrengend und der Wanderweg angenehm mit der ganzen Familie zu laufen.

Im Gegensatz zum bekannteren GR 20 im Hochgebirge berührt der Wanderweg Tra Mare e Monti korsische Berg- und Küstendörfer. Dies erleichtert die Verpflegung und reduziert das Gewicht des Rucksacks, ermöglicht in einer der »gîtes d'étape« angenehm zu schlafen, korsische Spezialitäten in Geschäften oder Restaurants zu probieren und bietet einen kleinen Einblick in den korsischen Alltag.

Die Tour lässt sich leicht auch in Teiletappen realisieren, da sie immer wieder die Orte der Küstenstraße quert. Während die Tour im Frühjahr und Spätsommer ein Genuss ist, sollte man die heißen Monate Juli und August unbedingt meiden.

Etappenüberblick

Calenzana (300 m) – Bonifatu (535 m) ca. 5 Std.

Bonifatu (535 m) – Tuarelli (100 m) ca. 7 Std.

Tuarelli (100 m) – Galeria (Meereshöhe) 4–4,5 Std.

Galeria (Meereshöhe) – Girolata (Meereshöhe) ca. 5,5 Std.

Girolata (Meereshöhe) – Curzu (290 m) ca. 6,5 Std.

Curzu (290 m) – Serriera (120 m) ca. 3 Std.

Serriera (120 m) – Ota (320 m) 6–6,5 Std.

Ota (320 m) – Marignana (730 m) ca. 4 Std.

Marignana (730 m) – Revinda (605 m) ca. 6,5 Std.

Revinda (605 m) – Cargèse (100 m) 4–4,5 Std.

Auch wenn es auf den ersten Blick nicht so aussieht, sind während der Etappen oft kräftige Auf- und Abstiege zu bewältigen. Gutes Kartenmaterial ist daher unerlässlich.

Von Küste zu Küste – Mit dem Rucksack über die Zweitausender Korsikas

CHARAKTERISTIK: Die hochalpine Wanderung eignet sich nur für Trainierte mit Erfahrung **DAUER:** 14–16 Tage **LÄNGE:** 220 km **EINKEHRTIPP:** an den Passstraßen oder nach einem Abstieg ins Tal
KARTE ▸ KLAPPE VORNE und S. 112, C 6– S. 121, F 21

Der teilweise hochalpine Weg führt quer über die Insel, passiert die höchsten Berge und ist nur für trainierte und erfahrene Bergwanderer zu empfehlen. Es erwarten einen schwindelerregende Passagen, große Höhenunterschiede, geringer Komfort und nur wenige Einkaufsmöglichkeiten, sodass Proviant immer für drei Tage als Vorrat mitgenommen werden sollte. Belohnt wird man dafür mit grandiosen Ausblicken und glasklaren Bergbächen.

Der bekannte **Fernwanderweg GR 20** 10 wurde in einer Zeit angelegt, als Korsika noch das französische Département 20 war, was ihm den Namen gab. Die alpinen Herausforderungen werden leider immer wieder unterschätzt, sodass Wanderer frühzeitig ihre Tour abbrechen müssen. Wer die höchsten Gipfel »mitnehmen« möchte, sollte zusätzliche Zeit einplanen.

Die Strecke beginnt bei **Calenzana** in der Nähe von Calvi. Sie führt über den Hauptgrat nach **Conca** nördlich von Porto-Vecchio und ist nur im Sommer begehbar. Am Ende jeder Tagesetappe steht zur Übernachtung eine Selbstversorgerhütte mit Matratzenlager und Kochgelegenheit zur Verfügung. Zelten ist nur in der Nähe der Hütten und auf den dafür vorgesehenen Plätzen erlaubt.

Für die Wanderung ist eine genaue Streckenbeschreibung mit Karte

dringend zu empfehlen. Ungeübte sollten die Tour keinesfalls allein unternehmen!

Der GR 20 quert einige Passstraßen (Col de Vergio, Col de Verde, Col de

Für den Fernwanderweg GR 20 ist eine gute Ausrüstung unerlässlich.

Bavella), die sich für denjenigen gut als Ein- oder Ausstieg der Tour anbieten, der nicht die gesamte Strecke wandern möchte. In Vizzavona kann man mit dem Zug für einige Ruhetage direkt ans Meer fahren oder schnell den Hauptort Corte im Inland erreichen.

Korsika quer – Mit dem Auto von Bastia über den höchsten Pass in den Westen

CHARAKTERISTIK: Die kontrastreiche Fahrt über die Insel verläuft teilweise auf sehr engen, kurvigen Straßen **DAUER:** Tagesausflug **LÄNGE:** 134 km **EIN-**

KEHRTIPP: Restaurant A Scudella (▸ S. 81), 4, Place Paoli, Corte, Tel. 04 95 46 25 31, Mo–Sa 12–14 und ab 19 Uhr €€
KARTE ▸ KLAPPE VORNE, S. 111, E 3–S. 112, B 8

In den Fels gesprengt: die Passstraße Richtung Calacuccia (▸ S. 83).

Flott wird **Bastia** auf der N 193 nach Süden verlassen. Wer am feinen Sandstrand noch ein Bad nehmen möchte, der wählt besser den Schlenker am Ostrand des Étang de Biguglia und kann auf dem Weg noch die Kirche **La Canonica** einbauen. Ab Casamozza geht es 26 km lang kontinuierlich bergan. Der Golo zur Linken zählt zu den besten Kajakflüssen der Insel. Der Kreuzungsort Ponte Leccia hat Ähnlichkeit mit einer amerikanischen Kleinstadt. Er ist ein guter Ausgangspunkt für einen Abstecher ins Ascotal und die Castagniccia, doch kein Ort, um Urlaub zu machen. Nach 9 km auf der N 193

südwärts zweigt die schmalere Landstraße ins Niolo ab. Wer nicht nur durchrauschen möchte, dem sei ein Zwischenstopp in Corte empfohlen. In der Innenstadt unterhalb der Zitadelle kann man das Korsika der Korsen kennenlernen. Es ist die Stadt Pasquale Paolis, dem großen Freiheitskämpfer der Insel, und Sitz der einzigen Uni. Auf der kurvigen D 18 gelangt man nach 15 km wieder auf die Straße nach Calacuccia. Immer abenteuerlicher windet sich die Straße oberhalb des Golo am Steilhang. Wo absolut kein Platz mehr war, wurde sie in den Fels gesprengt. Manchmal klebt sie förmlich unter steilen Überhängen. Bogenbrücken führen über Seitentäler. Gelegentlich ist rechts oben der alte Verbindungsweg zu sehen. Bis 1889 war dies der einzige Zugang ins **Niolo**, auf dem die Hirten die Tiere zu den Sommerweiden trieben. Ein Schild »Scala di Santa Regina« weist auf einen kleinen Fußweg zwischen den Felsen hin. Wer eine Parkausbuchtung findet, sollte sich auf dem historischen Weg für einige Zeit die Füße vertreten. Ab der Staumauer weitet sich das Tal, in dem sich der höchste Stausee Lac de Niolo ausdehnt. Der Hauptort **Calacuccia** ist Ausgangspunkt für Wanderungen und Mountainbike-Touren durch das Bergland. Wer auf den Monte Cinto (2706 m), den höchsten Berg der Insel, möchte, der kann dies ab Camping Mt. Cinto in einer Gewalttour (1700 m Aufstieg) realisieren. In nur einem halben Tag erreicht man durch das Virotal den Hochgebirgswanderweg GR 20 bei der Balonehütte. Unvergessen ist auch ein Aufstieg zur Paglia Orba, dem markantesten Berg der Region. In Kurven und Kehren weiter auf der D 84 durch den Forst zum Col de Vergio (1477 m), der Wasserscheide, hinauf. Je nach Tageszeit trifft man beim Hotel Wanderer, die sich mit Verpflegung für die nächsten Etappen versorgen. Im Frühjahr kann es sein, dass am Straßenrand noch viele Schneereste zu sehen sind und eisige Kälte ins Fahrerhaus strömt. Vom Frühsommer bis zum Herbst halten sich hier oben die gefleckten Hausschweine auf und begrüßen ganz neugierig die Besucher. Den Wanderern stehlen sie gerne die Nahrung aus dem Zelt.

Von nun an geht es nur noch bergab. Die meiste Zeit durch die **Fôret d'Aitone.** Im Bergdorf **Evisa** kann man das Meer schon erahnen. In einer der Bars sollten Sie sich einen Kaffee gönnen und die Atmosphäre unter den Korsen genießen, denn bald schon sind die Badeorte wieder erreicht. Wenn Sie die letzten Kilometer noch einmal wandern möchten, werfen Sie eine Münze. Wer Zahl hat, fährt den Wagen. Die anderen können über einen fantastischen, schattigen Weg in die **Gorges de Spelunca** absteigen, am Wildbach über eine Genuesenbrücke laufen und werden an der Punta Pianella, kurz vor Ota, wieder abgeholt. Der Fahrer erlebt allerdings auch eine grandiose Schlusspartie über eine breite, gut ausgebaute Kurvenstraße Richtung Porto. Durch das malerische Bergdorf **Ota** geht es dann gemeinsam über die D 124 ans Ziel, den spektakulären **Golf von Porto.**

Das hoch auf einem Felssporn gelegene Bergdorf Evisa (▶ S. 93) ist Ausgangspunkt und Etappenziel verschiedenster Wanderungen.

Vom Frühjahr bis zum Herbst lassen sich
Ziegen und Hausschweine gerne auf Korsikas Bergstraßen nieder und verwehren
auch mal die Weiterfahrt.

Wissenswertes
über Korsika

Nützliche Informationen für einen gelungenen
Aufenthalt: Fakten über Land, Leute und Geschichte
sowie Reisepraktisches von A bis Z.

Auf einen Blick

Mehr erfahren über Korsika – Informationen über Land und Leute, von Bevölkerung über Politik und Sprache bis Wirtschaft.

AMTSSPRACHE: Französisch
EINWOHNER: 278 000
FLÄCHE: 8680 qkm
GRÖSSTE STADT: Bastia,
43 000 Einwohner
HÖCHSTER BERG: Monte Cinto,
2706 m
INTERNET: www.corse.fr
RELIGION: 90% römisch-katholisch
VERWALTUNG: 2 Départements
WÄHRUNG: Euro

Bevölkerung

Ein Großteil der Bevölkerung ist stolz darauf, Korse zu sein. Mehr als die Hälfte der Menschen lebt in den städtischen Ballungsräumen Ajaccio und Bastia. Deshalb spricht man auch von einem zweigeteilten Korsika: dem Küstenkorsika mit Industrie und Handel, wo der junge und aktive Teil der Bevölkerung lebt und arbeitet, und dem traditionsbewussten Landesinneren, dessen Bevölkerung überaltert ist. Dank eines neuen Bewusstseins korsischer Identität versuchen immer mehr junge Leute, sich selbst Arbeitsplätze auf der Insel zu schaffen. Der Kopf eines Mohren im Profil mit einer weißen, im Nacken gebundenen Stirnbinde, ist das Symbol der Korsen für ihre nationale Identität.

Lage und Geografie

Korsika liegt wie eine Hand mit ausgestrecktem Zeigefinger im Mittel-

◄ Im Landesinneren Korsikas ist die Bevölkerung eher überaltert.

meer. Die Insel ist 183 km lang und nur 83 km breit. Korsika wird gerne auch als »Gebirge im Meer« bezeichnet. Mehr als 50 Berge von 2000 m bis 2706 m Höhe (Monte Cinto) ragen auf und ein Viertel der Insel ist Nationalpark. Die Macchia duftet betörend, und die Wälder beeindrucken mit ausladenden Lariciokiefern. Auf Korsika gibt es versteppte Ebenen, Ziegenweiden und namhafte Weinanbaugebiete. Im Inland finden sich kleine zusammengedrängte Bergdörfer, die teilweise wie Adlernester wirken, und hoch aufgetürmte Wohnsiedlungen am Rande der Großstädte Ajaccio und Bastia. Von den 1000 km Küste sind über 300 km Badestrand, an der Ostküste wie ein langer Sandstreifen, im Westen in kleinen und großen Buchten gefasst. Schnell wechseln die Farben der Landschaften unter dem blauen Himmel: Grün sind die Schiefer des Cap Corse, weiß die schroffen Kalkfelsen von Bonifacio, rot und purpur die bizarren Felsformationen der Calanche, grau der Granit des Bavella. Das korsische Gebirge erstreckt sich von Nordwesten bis Südosten mit schönen Seitentälern. Im Westen reichen die Berge bis ans Meer.

Politik und Verwaltung

Korsika gehört als Département 2A und 2B zu Frankreich. Die Insel ist in die beiden Départements Corse-du-Sud (mit den Arrondissements Bastia, Corte und Calvi) und Haute-Corse (mit den Arrondissements Ajaccio und Sartène) gegliedert.

Um Verhältnisse wie an der Côte d'Azur und einen Ausverkauf der Insel zu vermeiden, machten Ende der 1960er-Jahre radikale Nationalisten und Autonomisten auf sich aufmerksam. Sie forderten interne Selbstbestimmung, sprühten Parolen auf Straßenschilder und Hauswände und schreckten nicht vor Attentaten zurück. Als Folge der Autonomiebestrebungen erhielt Korsika einen Sonderstatus, der eine beschränkte Selbstverwaltung und die Wahrung der kulturellen Identität gewährt.

Sprache

Zur Wahrung und Wiederbelebung der korsischen Identität gehört auch der Erhalt der korsischen Sprache. Schätzungen zufolge können zwei Drittel der Bevölkerung Korsisch sprechen. Im Zuge der römischen Kolonialisierung entwickelte sich die korsische Sprache aus dem Urlatein selbstständig weiter. Sie wird heute als eigenständige Sprache und nicht als Dialekt betrachtet. Als Genua 1768 die Insel an Frankreich verkaufte, wurde Französisch unter Druck schon in der Grundschule eingeführt. Korsisch wurde dadurch zwar zurückgedrängt, lebte aber in der Bevölkerung weiter. J. B. Stromboni kämpfte seit 1971 für die Wiederbelebung und Wertschätzung der korsischen Sprache und für die Erhaltung ihrer Kultur. 1974 wurde Korsisch als Minderheitensprache anerkannt und findet entsprechend Eingang in den Schulen.

Wirtschaft

Die Korsen leben nahezu ausschließlich von Landwirtschaft und Tourismus. Über 1 Mio. Urlauber besuchen die Insel jährlich. Mehr als die Hälfte davon sind Franzosen, gefolgt von Italienern und Deutschen.

Geschichte

3500–1000 v. Chr.

Megalithkultur. Aus dieser Zeit stammen die rätselhaften Menhire, Dolmen und Steinkisten.

1500– 800 v. Chr.

Mittlere und jüngere Bronzezeit. Torreaner erobern den Süden der Insel und drängen die Megalithiker nach Norden.

1000– 600 v. Chr.

Eisenzeit. In mehreren Wellen kommen Eroberer vom europäischen Festland.

Um 565 v. Chr.

Die Phokäer gründen die Stadt Alalia (Aléria), die in kurzer Zeit zu einem lebhaften Umschlagplatz mit Verbindungen im gesamten Mittelmeerraum wird.

238 v. Chr.

Die Karthager treten Korsika an Rom ab.

200 v. Chr.

Die Römer beginnen mit der Eroberung Korsikas, die fast ein Jahrhundert dauert.

100 v. Chr.

Marius gründet die römische Kolonie Mariana. Sulla macht 81 v. Chr. den Ort zum militärischen Stützpunkt.

3. Jh. n. Chr.

Das Christentum breitet sich von den römischen Kolonien Mariana und Aléria auf der Insel aus. Die Heiligen Restituta, Devota und Julia sterben den Märtyrertod.

5. Jh.

Wandalen und Ostgoten erobern die Insel. Im 6. Jh. kommt die Insel für 200 Jahre zum Byzantinischen Reich.

8.–11. Jh.

Das Mittelmeer wird von nordafrikanischen Piraten (Sarazenen) unsicher gemacht. Die Namen ihrer Stützpunkte wie Campomoro, Morsiglia, Morosaglia sind Zeugnisse ihrer Besiedlung.

1133

Papst Innozenz teilt die Insel: Pisa erhält die Bistümer Aléria, Ajaccio und Sagone; Genua Accia, Mariana und das Nebbio.

1296

Der Papst verleiht Korsika und Sardinien an Aragon.

1347

Korsische Adelige verbinden sich mit Genua gegen Aragon.

1348

Ein Drittel der Bevölkerung stirbt an der Pest.

1358

»Révolte de la Terre du Commun«: Den Bewohnern auf Gemeindegrund wird freies Weiderecht für die Herden gewährt.

1420–1434

Aragonesische Herrschaft.

1553–1559

Am 23. April 1553 nimmt der Maréchal de Thermes die Insel im Namen des französischen Königs in Besitz.

1567

Der Freiheitskämpfer Sampiero Corso lehnt die Rückgabe Korsikas an Genua ab, kämpft zwei Jahre gegen die Stadtrepublik und wird schließlich von seinem Waffenmeister umgebracht.

1667

700 Griechen vom Peloponnes lassen sich nach ihrer Vertreibung durch die Türken in Cargèse nieder.

1729–1760

Korsischer Unabhängigkeitskrieg. Der »Vierzigjährige Krieg«, auch »Korsische Revolution« genannter Konflikt, geht aus einer Volkserhebung hervor, die sich ursprünglich gegen die Besteuerung richtet und 1729 in Bozio ihren Anfang nimmt.

1736

Der westfälische Baron Theodor von Neuhoff herrscht sieben Monate als König über Korsika, bevor er ins Exil nach London geschickt wird.

1755–1769

General Paoli herrscht über Korsika, gibt der Insel eine moderne Verfassung und wird vom Volk als »Vater des Vaterlandes« gefeiert.

1768

Genua tritt Korsika im Vertrag von Versailles an Frankreich ab.

1769

Die Franzosen besiegen Paoli. Napoleon wird in Ajaccio geboren.

1790

Paoli wird von der französischen Nationalversammlung als Gouverneur eingesetzt.

1794

Englisch-korsisches Königreich, das zwei Jahre später von den Franzosen zurückerobert wird.

1914–1918

Mehr als 30 000 Korsen fallen im Ersten Weltkrieg.

1975

Korsika wird in zwei Départements geteilt: Corse du Sud und Haute-Corse.

1976–1982

Die FLNC, die korsische Befreiungsfront, bekennt sich zu 298 Anschlägen auf der Insel.

1982

Paris gewährt Korsika einen politischen Sonderstatus. Das Regionalparlament kann aber seine politischen Möglichkeiten bis heute nicht nutzen.

1983

Offizielle Auflösung der FNLC durch die französische Regierung.

1990

Ein neues Verwaltungsstatut sichert Korsika größere wirtschaftliche und kulturelle Eigenständigkeit.

2007

Korsika feiert den 200. Todestag des korsischen Widerstandskämpfers Pasquale Paoli (1725–1807).

2011

Korsikas längster Wanderweg GR20 reizt Rekordsuchende besonders: Mit 50:52 Stunden läuft Stéphanie Samper aus Ajaccio die neue Bestzeit der Frauen seit 2006 (56:04).

Sprachführer Französisch

Aussprache

~ über einem Vokal bedeutet, dass er nasal ausgesprochen wird:

ã wie chance

ẽ wie terrain

õ wie bonbon

Wichtige Wörter und Ausdrücke

Ja – oui [ui]

Nein – non [nõ]

danke – merci [mersi]

gern geschehen – de rien [dö rjän]

Wie bitte? – comment [komã]

Ich verstehe nicht. – je ne comprends pas [schö nö kõmprã pa]

Entschuldigung – pardon/excusez-moi [pardõ/exküseh-moa]

Hallo – salut [salü]

Guten Morgen/Tag – bonjour [bõschur]

Guten Abend – bonsoir [bõsuar]

Auf Wiedersehen – au revoir [oh röwuar]

Ich heiße … – je m'appelle [schö mapäl]

Ich komme aus … – je suis de [schö süi dö]

– Deutschland. – l'Allemagne [l'allmanj]

– Österreich. – l'Autriche [l'otrisch]

– der Schweiz. – la Suisse [la suis]

Wie geht's? – comment allez-vous/vas-tu [kommät alleh-wu/kommã wa-tü]

Danke, gut. – bien, merci [bjẽ mersi]

wer, was, welcher – qui, quoi, lequel [ki, koa, lökel]

wann – quand [kã]

wie viel – combien [kõmbiẽ]

wie lange – combien de temps – [kõmbiẽ dö tã]

Sprechen Sie deutsch/englisch? – parlez-vous allemand/anglais [parleh-wu almã/ãnglä]

heute – aujourd'hui [oschurdüi]

morgen – demain [dömẽ]

gestern – hier [iär]

Zahlen

eins – un [ẽ], une [ün]

zwei – deux [döh]

drei – trois [troa]

vier – quatre [katr]

fünf – cinq [sẽk]

sechs – six [sis]

sieben – sept [set]

acht – huit [üit]

neun – neuf [nöf]

zehn – dix [dis]

einhundert – cent [sã]

eintausend – mille [mil]

Unterwegs

rechts – à droite [a droat]

links – à gauche [a gohsch]

geradeaus – tout droit [tu droa]

Wie kommt man nach …? – pouvez-vous m'indiquer le chemin pour aller à [puwe wu mẽdike lö schömã pur ale a]

Wo ist … – où se trouve [u sö truw]

– die nächste Werkstatt? – le garage le plus proche [lö garasch lö plü prosch]

– der Bahnhof? – la gare [la gar]

– die nächste U-Bahn? – l'arrêt de métro le plus proche [larrä dö metroh lö plü prosch]

– der Flughafen? – l'aéroport [laehropor]

– die Touristeninformation? – l'office de tourisme [loffis dö turism]

– die nächste Tankstelle? – la station-service la plus proche [la stasjõ servis la plü prosch]

Bitte voll tanken! – le plein s'il vous plaît [lö plẽ sil wu plä]

Normalbenzin – essence [esãs]

Ich möchte ein Auto/Fahrrad mieten. – je voudrais louer une voiture/un vélo [schö wudrä lueh ün voatür/ẽ welo]

Wir hatten einen Unfall. – on a eu un accident [õna ü ẽ aksidã]

Wo finde ich … – où est-ce que je trouve [uäskö schö truw]

– einen Arzt? – un médecin [ẽ medsẽ]

– eine Apotheke? – une pharmacie [ün farmasi]

Eine Fahrkarte nach … bitte! – un ticket pour … s'il vous plaît! [ẽ tikä pur …, sil wu plä]

Übernachten

Ich suche ein Hotel. – je cherche un hôtel [schö schersch ẽnohtäl]

Haben Sie noch Zimmer frei … – avez-vous encore des chambres de libres [aweh-wu ãkor deh schãbrdö libr]

– für eine Nacht? – pour une nuit [pur ün nüi]

– für eine Woche? – pour une semaine [pur ün sömän]

Ich habe ein Zimmer reserviert. – j'ai réservé une chambre [schä reserveh ün schãbr]

Wie viel kostet das Zimmer … – combien coûte la chambre [kombiẽ kut la schãbr]

– mit Frühstück? – avec le petit déjeuner [awek lö pöti dehschöneh]

– mit Halbpension? – en demi-pension [ã dömi pãsiõ]

Kann ich das Zimmer sehen? – est-ce que je peux voir la chambre [äskö schö pöh vuar la schãbr]

Ich nehme das Zimmer. – je prends la chambre [schö prã la schãbr]

Ich möchte mich beschweren. – je voudrais porter plainte. [schö wudrä porteh plẽt]

funktioniert nicht – ne marche pas [nö marsch pa]

Essen und Trinken

Die Speisekarte bitte! – la carte s'il vous plait [la kart sil wu plä]

Die Rechnung bitte! – l'addition s'il vous paît [ladisjõ sil wu plä]

Ich hätte gern … – Je vais prendre – [schö wä prãdre]

Wo finde ich die Toiletten (Damen/Herren)? – où sont les toilettes? (dames/hommes) [u sõ leh toalät (dam/om)]

Kellner/-in – monsieur/mademoiselle/madame [mösjöh/madmoasel/madam]

Frühstück – petit déjeuner [pöti dehschöneh]

Mittagessen – déjeuner [dehschöneh]

Abendessen – dîner [dineh]

Einkaufen

Wo gibt es …? – où se trouve [u sö truw]

Haben Sie …? – avez-vous [aweh-wu]

Wie viel kostet …? – combien ça coûte? [kombiẽ sa kut]

Das ist zu teuer. – c'est trop cher [sä tro schär]

Geben Sie mir bitte 100 Gramm/ein Kilo … – je voudrais cent gramme/un kilo de [schö wudrä sã gram/ẽ kilo dö]

Briefmarken für einen Brief/eine Postkarte nach … – des timbres pour une lettre/carte postale pour [deh tẽbr pur ün lettr/ün kart postal pur]

Kulinarisches Lexikon

A

agneau – Lamm
ail – Knoblauch
aloyau – Lendenstück
anchois – Sardellen
anisette – Anislikör
arigosta – Languste
aziminu – korsische Bouillabaisse

B

baccalà frittu – frittierter Stockfisch
barbue – Meerbutt
bastelle – gefüllte Blätterteigtaschen
bien cuit – durchgebraten
blanquette – Ragout
bœuf – Rind
brebis – Schaf
brilluli – Kastanienmehlbrei mit
  Milch
brocciu – korsischer Käse
brochette – kleiner Bratspieß

C

cabri – Zicklein
calmar – Tintenfisch
canard – Ente
carpe – Karpfen
carré – Rippenstück
casgiu – Käse
cèpes – Steinpilze
cerises – Kirschen
chanterelles – Pfifferlinge
charcuterie – Wurstaufschnitt
chausson – Blätterteigtasche
chèvre – Ziege
chou – Kohl
choucroute – Sauerkraut
colin – Seehecht
consommé – Suppe
coq – Hahn
coquillages – Muscheln
côte – Rippenstück
courge – Kürbis
courgette – Zucchini

crevettes – Garnelen
croûtons – geröstete Brotwürfel
crudités – Rohkostsalate
cusgiulelle – trockene Kuchen aus
  Calenzana

D

daube – Schmortopf
daurade – Goldbrasse
digestif – Verdauungsschnaps
dinde – Pute

E

épaule – Schulterstück
épinards – Spinat
escalope – Schnitzel

F

faisan – Fasan
fasgioli – heiße Kastanien
fèves – dicke Bohnen
fiadone – Brocciu-Kuchen
figatellu – Fleisch-Leberwurst
figues – Feigen
flan – Pudding
framboises – Himbeeren
friture du golfe – in Omeletteig
  gebackene Sardinen
fromage – Käse
fromage blanc – Quark
fugazzi – süße Kuchen (werden
  am Karfreitag gegessen)

G

gâteau – Kuchen
gibier – Wild
girolles – Pfifferlinge
groseilles – Johannisbeeren

H

herbes – Kräuter
homard – Hummer
huile – Öl
huîtres – Austern

J
jambon – Schinken

K
kir – Aperitif aus Likör und trocke-
nem Weißwein

L
laitue – Kopfsalat
langouste – Languste
lapin de garenne – Wildkaninchen
lard – Speck
légumes – Gemüse
lentilles – Linsen
lièvre – Hase
liqueur de myrtes – Myrtenlikör
lonzu – in Pfeffer gerolltes
Schweinefilet
lotte – Seeteufel
loup de mer – Seewolf

M
maquereau – Makrele
marmite de pêcheur – Fischeintopf
merle a l'usu corse – Amsel auf
korsische Art
miel – Honig
migliacci – Brocciu-Kuchen auf
Kastanienblättern
minestra – Gemüsesuppe
– di putine – Suppe mit kleinen
gekochten Fischen
moutarde – Senf (Mostrich)

N
navarin – Hammelragout mit
Rüben
noix – Walnuss
nouilles – Nudeln

O
œufs sur le plat – Spiegeleier
oignon – Zwiebel
omelette au brocciu – korsisches
Käseomelette
oursin – Seeigel

P
pastis – Anisschnaps, den man mit
Wasser verdünnt trinkt
pâté – Pastete
pâtes – Teigwaren
pêches – Pfirsiche
perdreau, perdrix – Rebhuhn
pintade – Perlhuhn
poires – Birnen
poisson – Fisch
pommes de terre – Kartoffeln
porc – Schweinefleisch
pot au feu – gekochtes Rindfleisch
in Gemüsebrühe
potage – Suppe
poulet – Huhn
poulpe – Tintenfisch
pulenta – dickes Kastanienpüree

R
rappu – süßer Wein
rouget – Rotbarbe

S
salade – Salat
sandre – Zander
sanglier – Wildschwein
sangui – Blutwurst
seiche – Tintenfisch
sel – Salz
sole – Seezunge
stufatu – Ragout aus Fleisch
suppa paesana – korsische Gemüsesuppe

T
tarte – Torte
terrine de sanglier – Wildschwein-
pastete
thon – Thunfisch
tianu – Tongefäß, Schmorgericht
truite – Forelle

V
vache – Kuh
veau – Kalb

Reisepraktisches von A–Z

ANREISE

MIT AUTO UND FÄHRE

Von Deutschland fährt man über den Brenner (mautpflichtig), die Schweiz (Autobahn-Vignette!) und Frankreich zu einem der zahlreichen Fährhäfen. Ab Italien steuern private Gesellschaften (**Corsica Ferries, Moby Lines, MEDMAR, SA etc.**) zu unterschiedlichen, saisonabhängig stark schwankenden Tarifen vorwiegend Bastia an. Die Überfahrt mit der Fähre ist von Genua (ca. 5 Stunden) und Livorno (4 Stunden) möglich. Von den französischen Hafenstädten Marseille, Toulon und Nizza dauert die Überfahrt sechs bis zwölf Stunden. Mit dem Schnellschiff von Nizza benötigt man weniger als vier Stunden. Buchen kann man bei der staatlichen **SNCM** (Société Nationale Maritime Corse-Méditerranée), die mit ihren Schiffen von Nizza, Toulon und Marseille neben Bastia auch Ajaccio, Calvi, Porto-Vecchio und Propriano anläuft.

Ein Kabinenplatz empfiehlt sich nicht nur bei Nachtfahrten. Rechtzeitige Vorbuchung ist vor allem in der Hauptsaison unabdingbar. Auskunft und Buchung:

Corsica Ferries

Tel. 01 80/5 00 04 83 • www.corsicaferries.com

Moby Lines

Tel. 06 11/1 40 20 • www.mobylines.de

SNCM (Corsica Marittima)

Berliner Str. 31–35, 65760 Eschborn • Tel. 0 61 96/4 29 11 • www.sncm.fr

MIT DEM FLUGZEUG

Die wichtigsten korsischen Flughäfen sind Ajaccio, Bastia, Calvi und Figari. Air France (www.airfrance.de) und CCM Airlines (www.aircorsica. com) steuern Korsika das ganze Jahr über im Linienflug an (ab Paris, Marseille, Lyon und Nizza). Ab Deutschland gibt es Linienflüge der Air France. Darüber hinaus aber empfehlen sich zahlreiche preiswertere Charterangebote von deutschen Flughäfen aus (Düsseldorf, Berlin, Frankfurt, München und Stuttgart). Von Genf, Wien, Salzburg, Innsbruck und Zürich gibt es im Sommer regelmäßige Flugverbindungen nach Korsika.

Von Deutschland und Österreich aus werden die Flughäfen Bastia und Calvi angeflogen. Aus der Schweiz und Frankreich auch Ajaccio und Figari.

Auf www.atmosfair.de und www. myclimate.org kann jeder Reisende durch eine Spende für Klimaschutzprojekte für die CO_2-Emission seines Fluges aufkommen.

AUSKUNFT

IN DEUTSCHLAND, ÖSTERREICH UND DER SCHWEIZ

Atout France

Französische Zentrale für Tourismus

– Postf. 100128, 60001 Frankfurt/ Main • Fax 0 69/74 55 56 • www. franceguide.com
– Lugeck 1–2 (Stg. 1/Top 7), 1010 Wien • Tel. 0 15 03 28 92 • www.franceguide.com
– Rennweg 42, 8021 Zürich • Tel. 04 42 17 46 00 • www.france guide.com

AUF KORSIKA
Agence du Tourisme de la Corse
▶ S. Klappe hinten, e 4

17, Boulevard Roi-Jerôme, BP19-
20181 Ajaccio • www.visit-corse.com

BUCHTIPPS

Prosper Mérimée: Colomba (Reclam, 1988) Als der französische Autor 1840 seinen Roman veröffentlichte, ging ein Raunen durch die Pariser Salons: Blutrache, eine ebenso schöne wie rachsüchtige Heldin, Banditen in der Macchia – das spannende Buch traf mitten ins Herz des romantischen Zeitgeistes.

René Goscinny und Albert Uderzo: Asterix auf Korsika (Egmont, 1986) Amüsant und doch so typisch werden die Korsen beschrieben, ihr Leben, ihre Mentalität.

Pascal Marchetti: Korsisch Wort für Wort. Kauderwelsch (Reise Know-How Verlag Rump, 2003) Ein praxisorientiertes Buch, mit dem man schnell ein paar Worte und Sätze Korsisch lernt.

DIPLOMATISCHE VERTRETUNGEN

Außer dem Konsulat in Bastia gibt es keine deutschsprachigen Vertretungen auf Korsika; die nächsten sind in Marseille zu finden.

Honorarkonsulat der Bundesrepublik Deutschland
Zone Industrielle RN 193, 20200 Bastia • Tel. 04 95 33 03 56

Österreichisches Konsulat
27, cours Pierre Puget, 13006 Marseille • Tel. 04 91 53 02 08

Generalkonsulat der Schweiz
7, rue Arcole, 13006 Marseille • Tel. 04 96 10 14 10

FEIERTAGE

1. Jan. Jour de l'An (Neujahr)
Ostermontag Lundi de Pâques
1. Mai Fête du Travail (Tag der Arbeit)
8. Mai Fête de la Victoire 1945 (Kriegsende)
Christi Himmelfahrt Ascension
Pfingstmontag Lundi de Pentecôte
14. Juli Fête Nationale (Nationalfeiertag)
15. Aug. Assomption (Mariä Himmelfahrt)
1. Nov. Toussaint (Allerheiligen)
11. Nov. Armistice 1918 (Waffenstillstand 1918)
25. Dez. Noël (Weihnachten)

GELD

Geldautomaten für EC/Maestro- und Kreditkarten sind in größeren Orten vorhanden.

Das Zahlen mit Kreditkarten ist in Frankreich in besseren Hotels, Restaurants, Tankstellen, an den Mautstellen der Autobahn und in bestimmten Geschäften möglich, zum großen Teil sogar üblich. Weit verbreitet sind Visa, American Express, Diners und Mastercard.

INTERNET

www.corsica.net
Informationen zu Hotels, Veranstaltungen etc. auch auf Deutsch.
www.destination-sudcorse.com
Bietet viele praktische Infos über den Süden der Insel.
www.tourisme.fr
Auf dieser Seite sind viele Orte auf Korsika mit nützlichen Infos vertreten. Englisch und Französisch.
www.franceguide.com
Offizielle Internetseite des Französischen Fremdenverkehrsamtes für ganz Frankreich.

MEDIZINISCHE VERSORGUNG
KRANKENVERSICHERUNG

Die Vorlage einer Europäischen Krankenversicherungskarte (EHIC) ist ausreichend. Als zusätzlicher Versicherungsschutz empfiehlt sich der Abschluss einer Auslandskrankenversicherung, da diese Krankenrücktransporte mitversichert.

KRANKENHAUS

Krankenhäuser befinden sich in Ajaccio, Bastia, Corte und Sartène. Erste Hilfe leistet auch die SAMU (Service d'Aide Médicale d'Urgence), die auf ganz Korsika unter Tel. 15 erreichbar ist.

APOTHEKEN

Apotheken sind in der Regel Mo–Sa von 9–12 und 14–19 Uhr geöffnet.

NOTRUF

Euronotruf Tel. 112
(Polizei, Feuerwehr, Rettungsdienst)

POST

Die Briefkästen in Frankreich sind gelb. Briefmarken erhält man in Tabakläden und den Postfilialen. Eine Postkarte nach Deutschland, Österreich und in die Schweiz kostet 0,65 €.

NEBENKOSTEN

1 Tasse Kaffee . . . . 1,10–1,40 €
1 Bier (1 Flasche) . . . . 2,50–4,00 €
1 Cola . . . . 2,30–3,00 €
1 Brot (ca. 1 kg) . . . . 0,70–1,00 €
1 Schachtel Zigaretten . . . . 4,00 €
1 Liter Benzin . . . . ca. 1,45 €
Fahrt mit öffentl. Verkehrsmittel
Einzelfahrt . . . . ca. 1,50 €
Mietwagen/Tag . . . . ab 120,00 €

REISEDOKUMENTE

Deutsche, Österreicher und Schweizer können mit einem gültigen Reisepass oder Personalausweis (Identitätskarte) einreisen. Kinder unter 16 Jahren müssen im Pass eines Elternteils eingetragen sein oder benötigen einen Kinderausweis.

REISEKNIGGE

Im Café kommt die Rechnung meist mit einem kleinen Schälchen für den Obolus auf den Tisch. Aufrunden bzw. 10 % Trinkgeld sind üblich. Im Restaurant wird die Rechnung in der Regel für den ganzen Tisch gemacht. Wer einzeln bezahlt, fällt schnell als Urlauber auf und spürt den Unmut des Personals. Wasser wird gern zum Essen getrunken. Wer kein teures

Mittelwerte	JAN	FEB	MÄR	APR	MAI	JUN	JUL	AUG	SEP	OKT	NOV	DEZ
Tages-temperatur	13	14	16	18	21	25	27	28	26	22	18	15
Nacht-temperatur	3	4	5	7	10	14	16	16	15	11	7	4
Sonnen-stunden	4	5	6	8	10	12	12	11	9	7	5	4
Regentage pro Monat	12	10	9	9	8	4	1	2	6	10	11	13
Wasser-temperatur	13	13	13	14	16	20	22	23	22	20	17	15

Mineralwasser bestellen möchte, bittet um »l'eau plate en pichet«.

Knappe Badekleidung ist im Ort nicht üblich, schon gar nicht im Inselinneren.

REISEWETTER

Die Klimaunterschiede zwischen der Küste und den Bergen im Inneren sind auf Korsika oft beträchtlich. So kann es im Sommer, wenn am Meer mediterranes Klima herrscht, in den Bergen doch recht kühl sein. In den Hochsommermonaten Juli und August wird es teilweise sehr heiß. Beste Reisemonate sind Mai und Juni, wenn die Temperaturen noch nicht so hoch sind, man aber dennoch schon baden kann.

Warme Kleidung und feste Schuhe mit Profilsohle sind für Wanderungen selbst bei gutem Wetter nötig.

TELEFON

VORWAHLEN

D, A, CH ▸ Frankreich 0033
Frankreich ▸ D 0049
Frankreich ▸ A 0043
Frankreich ▸ CH 0041

Telefonkarten gibt es in allen Tabakläden und Postämtern. Wenn man von Hotels, Zeltplätzen oder Restaurants aus telefoniert, werden teilweise Aufschläge erhoben. Abgesehen von einigen einsamen Berggebieten funktionieren Mobiltelefone (D 1 und D 2) auf Korsika problemlos.

TIERE

Hunde und Katzen benötigen zur Einreise einen EU-Heimtierausweis (stellt der Tierarzt aus) mit Nachweis einer Tollwutimpfung. Das Tier muss durch einen Mikrochip identifizierbar sein.

VERKEHR

AUTO/MIETWAGEN

An Flughäfen (Fly and Drive), Häfen und in allen größeren Städten bieten Vermieter verschiedene Fahrzeugtypen an. Das Mieten von Allradfahrzeugen ist in Ajaccio möglich (www.corsica4x4.com).

Die **Tankstellen** befinden sich vorwiegend an der Küste und haben mittags und sonntags geschlossen. Auf den oft schwierigen Strecken ist defensives Fahren lebensnotwendig. Auf kurvigen Gebirgsstrecken sollte man außerdem immer ganz rechts fahren und vor uneinsehbaren Kurven hupen. Trotz einer allgemeinen Verbesserung des Straßenzustands und dem Ausbau neuer, zum Teil vierspuriger Streckenabschnitte muss doch mit einer relativ niedrigen Durchschnittsgeschwindigkeit gerechnet werden.

Die Höchstgeschwindigkeit beträgt 110 km/h, bei schlechter Sicht 100 km/h und in den Ortschaften 50 km/h. Seit 1988 gibt es besondere Geschwindigkeitsbegrenzungen in der Hauptreisezeit. Bei Übertretungen ist mit hohen Geldstrafen zu rechnen. Genaue Informationen in den Tourismusbüros.

BAHN

Die korsische Eisenbahngesellschaft (**Chemin de Fer de la Corse**) verkehrt zwischen Ajaccio und Bastia (Transversale) sowie – auf einer Nebenlinie – zwischen Ponte-Leccia und Calvi (Balagne-Strecke). Wegen der spektakulären Brücken- und Tunnelpassagen (vor allem auf der Strecke zwischen Corte und Vizzavona) gehört die Fahrt mit der **Micheline** zu den touristischen Attraktionen (▸ Im Fokus, S. 58). Im Sommer sind die Waggons trotz der zusätzlichen Züge meist total überfüllt. (Sommer- wie Winter-)Fahrpläne sind bei den Verkehrsämtern oder an den größeren Bahnhöfen erhältlich.

BUS

Der Busverkehr liegt größtenteils in den Händen privater Firmen. Die Fahrpläne wechseln jedes Jahr und gelten immer nur saisonweise (16. Sept. bis 30. Juni und 1. Juli bis 15. Sept.). Achtung: In der Vor- und Nachsaison fahren die Busse meist nur ein- oder zweimal täglich, viele Busse verkehren außerdem nur werktags. Da die Fahrpläne an den Haltestellen nicht aushängen, muss man notfalls in den Bars nachfragen oder sich rechtzeitig in den Tourismusbüros erkundigen. Busse halten über Land auf ein Winkzeichen hin. Fahrkarten erhält man an den Bahnhöfen und in den Bussen.

FAHRRAD

In allen größeren Städten kann man Fahrräder leihen. Radfahrer sind verpflichtet, eine Warnweste zu tragen. Diese Weste muss außerhalb geschlossener Ortschaften sowie nachts, in der Dämmerung und bei Nebel und Regen auch tagsüber angelegt werden. Bei Nichtbeachten muss mit einer Geldstrafe in Höhe von 35 Euro gerechnet werden.

ZOLL

Reisende aus Deutschland und Österreich dürfen Waren abgabenfrei mit nach Hause nehmen, wenn diese für den privaten Gebrauch bestimmt sind. Bestimmte Richtmengen sollten jedoch nicht überschritten werden (z. B. 800 Zigaretten, 90 l Wein, 10 kg Kaffee). Weitere Auskünfte unter www.zoll.de und www.bmf.gv.at/zoll.
Reisende aus der Schweiz dürfen Waren im Wert von 300 SFr abgabenfrei mit nach Hause nehmen, wenn diese für den privaten Gebrauch bestimmt sind. Tabakwaren und Alkohol fallen nicht unter diese Wertgrenze und bleiben in bestimmten Mengen abgabenfrei (z. B. 200 Zigaretten, 2 l Wein). Weitere Auskünfte unter www.zoll.ch.

ENTFERNUNGEN (IN KM) ZWISCHEN WICHTIGEN ORTEN

	Ajaccio	Aléria	Bastia	Bonifacio	Calvi	Corte	Ersa	Porto	Porto-Vecchio	Sartène
Ajaccio	–	106	147	138	144	76	197	82	148	84
Aléria	106	–	71	116	116	48	121	136	88	108
Bastia	147	71	–	187	94	71	50	135	159	179
Bonifacio	138	116	187	–	232	164	237	220	28	54
Calvi	144	116	94	232	–	68	128	77	204	228
Corte	76	48	71	164	68	–	121	88	136	160
Ersa	197	121	50	237	128	121	–	185	209	229
Porto	82	136	135	220	77	88	185	–	222	166
Porto-Vecchio	148	88	159	28	204	136	209	222	–	64
Sartène	84	108	179	54	228	160	229	166	64	–

Kartenatlas

Maßstab 1:300 000

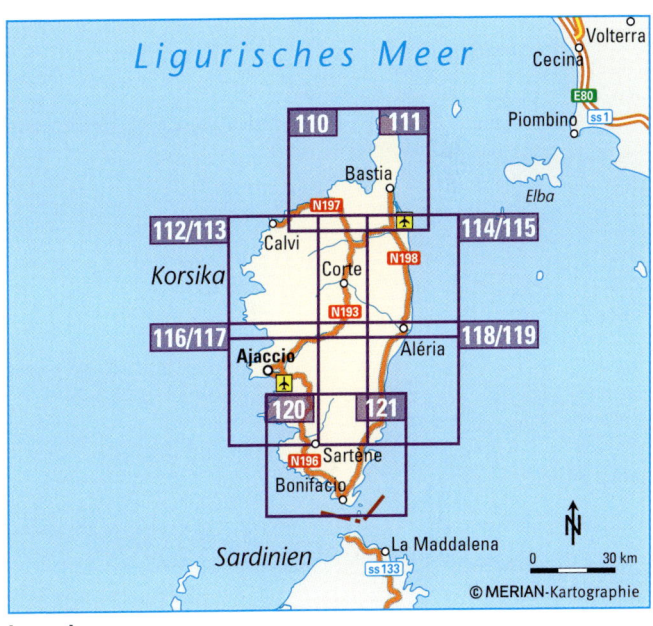

Legende

Routen und Touren

- ○──●→ Mit der Micheline von Küste zu Küste (S. 58) Start: S. 111, E3
- ○──●→ Der wilde Westen (S. 88) Start: S. 112, B8
- ○──●→ Die Balagne - durch den Garten der Insel (S. 89) Start: S. 112, C5
- ○──●→ Wandern entlang der Westküste (S. 90) Start: S. 112, B6
- ○──●→ Von Küste zu Küste (S. 91) Start: S. 112, B6
- ○──●→ Korsika quer (S. 92) Start: S. 111, E3

Sehenswürdigkeiten

- 🔟 MERIAN-TopTen
- 🔟 MERIAN-Tipp
- Sehenswürdigkeit, öffentl. Gebäude

Sehenswürdigkeiten ff.

- ✳ Sehenswürdigkeit Kultur
- ✳ Sehenswürdigkeit Natur
- ♁ Kirche; Kloster
- ⌂ Schloss, Burg
- 🏛 Museum
- ⚐ Denkmal
- ⚓ Leuchtturm; Windmühle
- ∴ Archäologische Stätte
- ⌒ Höhle

Verkehr

- Autobahn
- Autobahnähnliche Straße
- Fernverkehrsstraße
- Hauptstraße
- Nebenstraße
- Unbefestigte Straße, Weg

Verkehr ff.

- 🅿 Parkmöglichkeit
- Ⓑ Busbahnhof
- SNCF Bahnhof
- ⚓ Schiffsanleger
- ✈ Flughafen
- ⊕ Flugplatz

Sonstiges

- ℹ Information
- ♟ Theater
- ⛳ Markt
- ⛳ Golfplatz
- ✳ Aussichtspunkt
- † † † Friedhof
- Naturparkgrenze

A   B   C

1

2

Mittelmeer

3

Genua

Nizza, Toulon

Punta

Alga
Putrica

Saleccia

Punta di Solche

Tettu

Liscu

Punta di l'Acciolu

Désert des Agriates

Ifana

Bocca di Vezzu
311

Ca

Baccialu

4

Anse de Peraiola

Ogliastro

Corto
Morello

Lozari

17

197

Urtaca

L'Ile Rousse

Guardiola

Ginebaru

Monticello

allitone

Davia

13

Corbara

Santa-Reparata-
di-Balagna

A   B   C

113

Pigna

Sant'
Antonino

3

Palasca

Novella

Belgodère

Toceone

Lama

1 Cap Corse

Point d'Agnello

Tour d'Agnello

Capo Grosso   Tollare

Barcaggio

Illes Finocchiarole

Capo Bianco

Poggio

Cannelle

Botticella

Ersa

Port de Centuri

Mute

Camera

Rogliano

80

Macinaggio

16

8

Quercioli

Mandolacce

Stopione

Bettolacce

Baragogna   Morsiglia

Mucchieta

Tomino

Marine de Méria

Pastina

Méria

12

Capu Corvoli

Marine
de Scalo

Tour de Sénèque

Luri
(Piazza)

D33

Campu

Santa
Severa

Punta di Stintinu

Pino   Fieno

Castello

Tufo

Minerviu

Castiglione

Carbonacce

Chiesa

Ortale

Ghilfoni
Suprana

Porticciolo

20

Monte
Alticcione
1139

Lapedina

17

Marine de Giottani

Conchiglu

Pietracorbara
(Oreta)

Selmacce

Marine de Pietracorbara

80

Marinca   Vignale

Canari

Pieve

Cima di
Folicio
1322

Sisco

Moline

Crosciano

Marine de Sisco

Punta di Canelle

Canelle

Ogliastro

Lainosa

Turrezza

Albo

80

Monte
Stello
1307

Silgaggia

Nonza

Pozzo

Erbalunga
(Brando)   **4**

Olmeta-di-
Capocorsto

Poretto

Lavasina

Negru

Voltojo

Mandriale

Partine

Miomo

Figarella

19

San-Martino-
di-Lota   **3**

9

Grigione

Marine de Farinole

Bracolaccia

Farinole

Pietranera

Valle-de-
Pietrabugno

Toulon, Nizza, Marseille, Genua

Livorno, Piombino

Punta
Mortella

Guaitella

Toga

BASTIA

Golfe
de
St-Florent

Serra
di Pigno
961

Patrimonio

Cardo

Monserato

Lupino

D81

Santa
Maria

536
Col de
Teghimo

Montesoro

9

Ochinese

St-Florent

Furiani

San Pancraziu

La Marana

Fromontica

Poggio-
d'Oletta

Les Collines

Pineto

Casone

o-Pietro-
di-Tenda

Pianello

Ficabruna

Biguglia

Oletta

Casatorre

Pineto
Village de Vacances

Vezzi

Olmeta-di-Tuda

Cinquerue

193

Ile San
Damiano

M. Musso

Rapale

Vallecalle

Pruneta

Numeru
Quattru

San-Gavino-
di-Tenda

San Michele

Ortale

Purettone

Étang de
Biguglia

8

0   6 km

© MERIAN-Kartographie

N

Pieve

114

Rutali

Murato

Borgo

A B C

5

Mittelmeer

Punta Marin

Alg

Sant'Ambrogio
Punta Spano

197

Lum

La
Revellata

Punta Bianca
Grotte des Veaux Marins
Notre-Dame-
de-la-Serra

Golfe
de Calvi

CALVI

8

Sugale

Petra Malo

Montegross
Mo

Punta di
Cantaleli

Aéroport de
Calvi-Sainte-Catherine

Carube

Capo Cavallo

Moncale

Tarazone

Suare

6

Capu di a Mursetta

Baie de
Crovani

San Quilcu

L'Argentella

Pieve

La

Punta di Ciuttone

Mustella

Prezzuna

Prezzuna

Golfe de Galéria

Chiorna

Tuvarelli

F
i
l
o
s
o
r
m
a

Narsulinu

Galéria

Tangu

Anse d'Elpa Nera

Calca

Pirio

Manso

7

Baie de
Focolara

Punta Palazzo

Baie
d'Elbo

Ile de Gargali

Baie de
Solana

Réserve naturelle
de Scandola

Capu Lichia

639

Girolata

Golfe de
Girolata

Tra Mare e Monti

Barghiana

Mon
Estre

Osani

Curzu

Partinello

Serriera

Capu Seminu

Gratelle

Golfe de Miserinu

Traghino

Fe

Village d

Alt

8

Golfe de Porto

Bussaglia

Porto Marina

Porto

Ota

Gorges de
Spelunca

Ev

Punta di Ficajola

Fiuminale

Chidazzu

M

Capu Rossu

Vistale

Piana

Tra Mare e Monti

A B C

116

Carlu

Capu Ricciu
1052

Capu di
Calazzu
1131

Revinda

Balogna

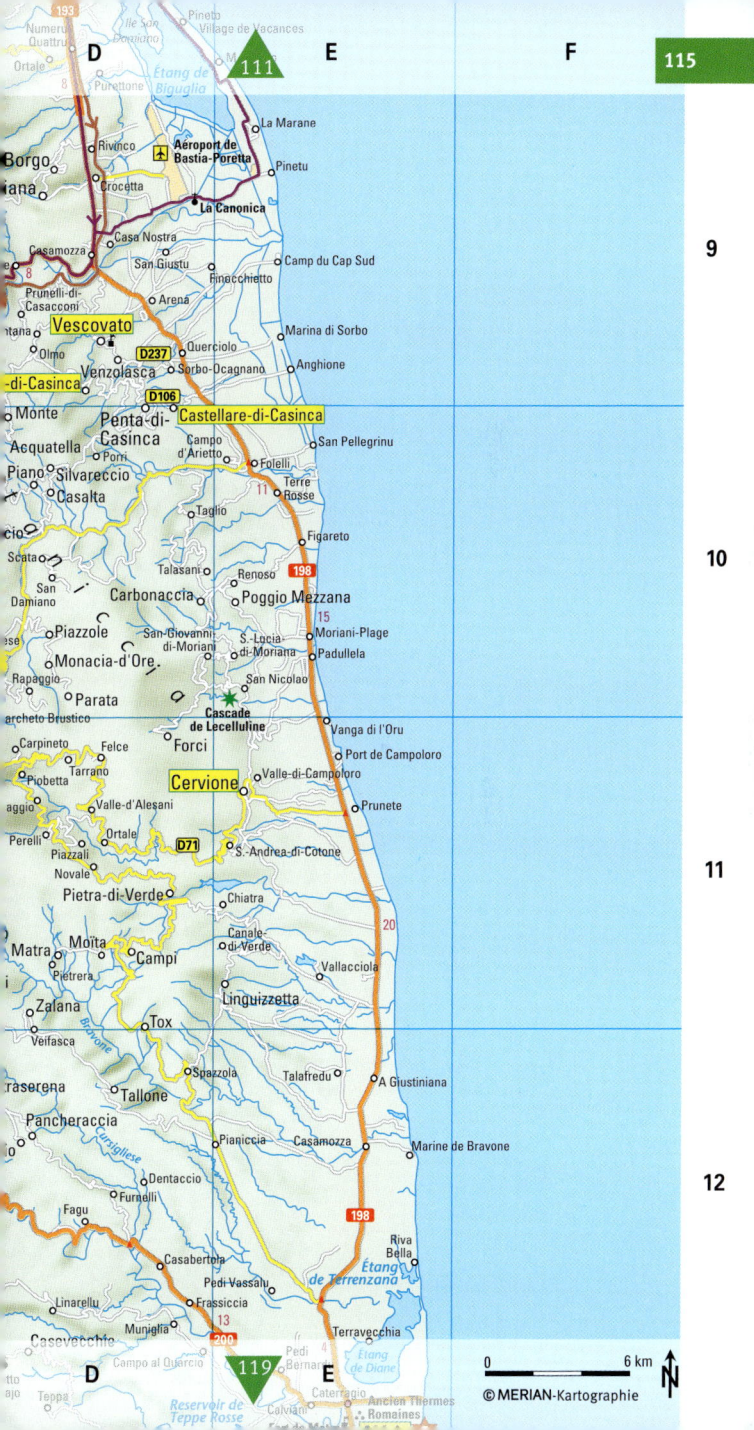

193

Numero
Quattru
Ortale 8

Île San
Domaino
Pineto
Village de Vacances

D   111   **E**   **F**   115

Étang de
Biguglia

La Marane

Borgo
iana

Rivinco

Aéroport de
Bastia-Poretta

Pinetu

Crocetta

La Canonica

9

Casamozza
Casa Nostra

Camp du Cap Sud

San Giustu

Prunelli-di-
Casacconi
8

Finocchietto
Arena

Marina di Sorbo

Vescovato

Olmo

Querciolo

D237

Venzolasca   Sorbo-Ocagnano

Anghione

-di-Casinca

D106

Monte   **Penta-di-**   **Castellare-di-Casinca**
Acquatella   **Casinca**
Poni   Campo   San Pellegrinu
Piano   Silvareccio   d'Arietto
cio   Casalta   Folelli
11   Terre
Rosse

Scata   Taglio

San   Figareto
Damiano   Talasani   Renoso   198
Carbonaccia   **Poggio Mezzana**   10

Piazzole   15

Monacia-d'Ore   San-Giovanni-   S. Lucia-   Moriani-Plage
di-Moriani   di-Moriana   Padullela

Rapaggio   San Nicolao

Parata

archeto Brustico   ★ **Cascade**
de Lecelluline   Vanga di l'Oru

Carpineto   Felce   Forci   Port de Campoloro
Piobetta   Tarrano   Valle-di-Campoloro
aggio   Valle-d'Alesani   **Cervione**   Prunete   11

Perelli   Ortale   Piazzali   D71   S. Andrea-di-Cotone
Novale
Pietra-di-Verde   Chiatra

Matra   **Moïta**   Canale-
Piètrera   di-Verde
i   **Campi**   Vallacciola
Zalana

Veifasca   **Tox**   Linguizzetta

20

raserena   Spazzola   Talafredu   A Giustiniana
Tallone

Pancheraccia   Pianiccia   Casamozza   Marine de Bravone

Dentaccio
Furnelli   12

Fagu   198

Casabertola   Riva
Bella
Pedi Vassali   Étang
Linarellu   Frassiccia   de Terrenzana
Muniglia   13
Casevecchie   200   Terravecchia

D   119   **E**

Campo al Quercio   Pedi
Bernard
ajo   Teppe   Étang
de Diane
Reservoir de   Ancien Thermes
Teppe Rosse   Calvini   Romaines

0   6 km

© MERIAN-Kartographie   N

112

Capu Rossu
Vistale
Chidazzu

A   B   C

Cariu

Capu Ricciu   Capu di
1052   Calazzu   Balogna
1131

Revinda   Vico

Nesa

Punta d'Orchinu   Village de Vacances   Appricia
Golfe di Chiuni   Lozzi   Arbori
13   Marchèse   Rondulinu
Tour Genoise   Frina Cajola   Cerasa
Punta d'Omigna   Grotte de   Cruciate   Coggia
Golfe de Peru   Molendinu   Vedolaccia
Cargèse   Plein   Sagone
Porto   Soleil   Esigna
Monaghi   Anse de   F. Liamone
Sagone   Ambiegna
Le Village de Penisola   Ca
Pta. San Giuseppe   Lazzo
Golfe   Tiuccia
de Sagone   Punta Capigliolo
Golfu di a Liscia   La Liscia
14   Ancone   Orcino
M i t t e l m e e r   Calcatoggio   App
Marina di Pevani   R
Pevani   Listinco
U Sardellu   Carbinica
Résidences du   Pichio
Golfe de Lava   Alata   Tuscia
Punta Pelusella   Scaglioli   Pruno
Golfu di Lava   Château   Mezzavi
de la Punta
Capo di Feno   Villanova   Pratti
Les Milelli   Le Finosello
Castelluccio
15   Pisinale   Les Cannes
Anse de   Capigliolo   Grotte Napoléon   Aja
Minaccia   Chapelle des Grecs   AJACCIO
Scudo   6
Pointe de la Parata   Tour de la Parata   Punta di Po
Po
Golfe
Iles Sanguinaires   d'Ajaccio
7   Les H
de
Toulon Nizza Marseille   Isolella
Punta di Sette Nave
Le
A
16   Ot
Vergl
Punta di a Castagna
A Colomba
La
Castagna   Campes
Stefanaccia
qua Doria
A   B   C
Punta Guardiola

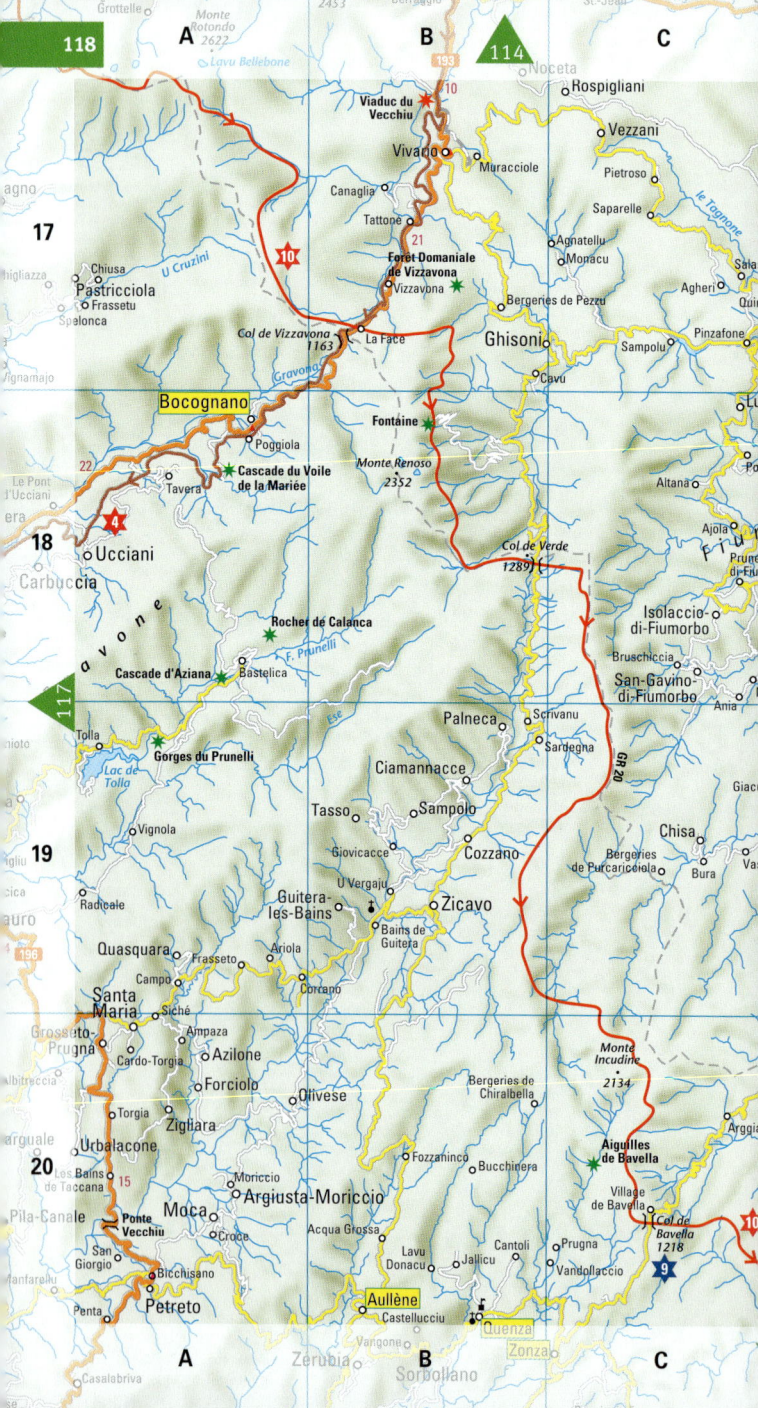

115

198

Riva Bella

Fagu
Dentaccio
Furelli

Étang
de Terrenzana

Casabertola
Pedi Vassalu
Linarellu
Frassiccia
13
Terravecchia
Casevecchie
Munigla
200
Campo al Quercio
Pedi
Bernardu
Étang
de Diane
Teppa
ajo
tto
Caterragio
Calvian
Ancien Thermes
∴ Romaines
Reservoir de
Teppe Rosse
Fort de Matra
Aléria
Aghione
Casabianda
Maison Kerguen
Samuletu
Saint-
Antoine
Reservoir
d'Alzitone
Penitencier de Casabianda
azza
Vadina
Village de Vacances
isonaccia Gare
16
Aristone
zza
Étang
d'Urbino
b
Valcaccia
Ancatorta
dula
Cardicciosa
Stollu
Ghisonaccia
arisacci
Abbazia
Morta
Tour de Vignale
Agnatellu
Sualellu
Calzarellu
a
Serra-di-
Fiumorbo
Casamozza
Étang de Gradugine
Battellu
Cutticciu
Plage de
Quercioni
Vix
Mignataja
Agavezza
Étang de Palu
arata
11
Ventiseri
**Aerodrome
de Solenzara**
Cité de l'Air
T y r r h e n i s c h e s
Travo
Pielza
Afinella
Tovisanu
aro
Punta
Marine de Solaro
M e e r
Marina di Scaffa Rossa
Solenzara
Togna
San Quillico
Cala d'Oru
Sari-
Solenzara
Cannella
Favone
R 20
30
Saparellu
Tarcu
Vignola
Livesanu
Conca

D E

0   6 km

© MERIAN-Kartographie

A

B

C

Cruciata
Pietrosella
Cognocoli-Monticchi
Les Bains de Taccanos
Moricco
Ajusta-Mori
Acqua Ge
Scipione
Pila-Canale
Moca
Acelasca
Marato
Porto
Vecchia
Verghia
San
Giorgio
Ditu
Blchisano
Pozzaccio
Manfarallu
Petreto
Gradello
Calzola
Penta
117
Pratavone
Casalabriva
Zérubia
Coti-
Chiavari
Furellu
Calvese
18
Costa
Cardo
Stilliccionè
Filitosa
Sollacaro
Martini
Loreta-di-
Tallano
Cargiaca
Pilusella
Tassina
Pietra Rossa
6
196
Al
Serra-di-Ferro
Favalella
Olmeto
Burgo
Santa
Maria
Sainte-Lucie-
de-Tallano
Porto Pollo
Canne
Olmiccia
Baie de
Cupabia
Plage
du Taravo
Abbartello
Cipinflu
Fozzano
Punta di Porto Pollo
Capicciolo
Vetricella
Viggianello
Arbellara
Marseille, Nizza, Toulon
Bartaccia
Propriano
Vetaro
Acoravo
Chiala
Porto Torres (Sardinien)
Santa Julia
Golfe de
Valinco
Rizzanese
Granace
Orio
Saparella
Bilzes
Jumenta
Grossa
14
Forconcello
Punta di Campomoro
Portigliolo
Foca
de Billa
Foce
Calanova
Tivollaggio
Billa
SARTÈNE
Belvedere-
Campomoro
Belvédère
Piano
1
Gran
Torre di
Campmore
Grossa
Punta di
Morto Marino
• 609
Punta d'Eccica
Cacciabello
Giuncheto
Picciocana
L'Uor
Taravo
Orasi
Capannella
Gianuceio
Capu di Senetosa
Bonifazinca
Nargo
28
Pagliaju Suttanu
Pero Longo
Tizzano
Golfe de Tizzano
Mégalithes
de Cauria
Serragia
Monaci
d'Aullè
Capu di Zivia
Golfe de
Murtoli
Punta di
Valanincu
429
Golfe de
Roccapina
Roccapina
Rocher du Lion
Ca
Capu di Roccapina
Pta. di Caniscione
Iles
Bruzzi

M i t t e l m e e r

A

B

C

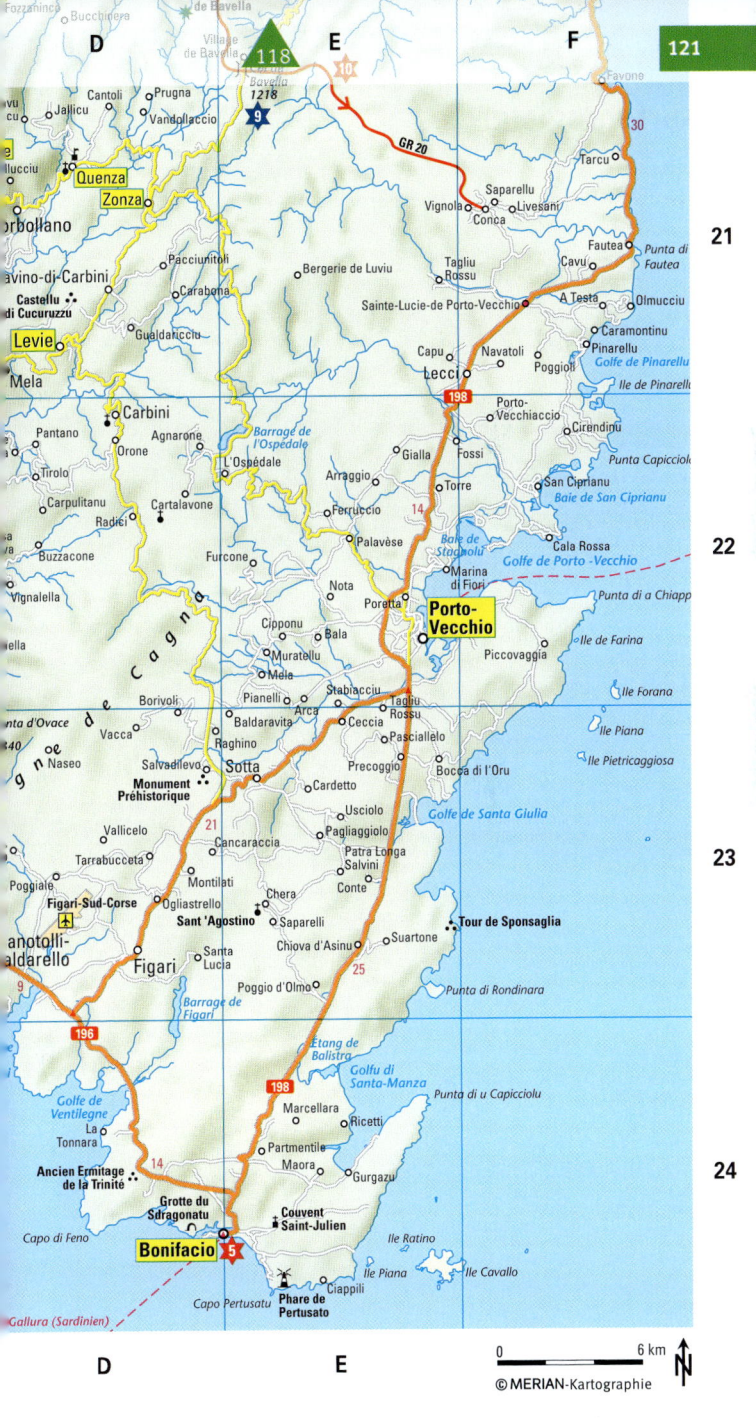

D   E   F

Fozzanincu   Bucchjavera
de Bavella
Village
de Bavella   **118**
Bavella
1218   **9**

GR 20

30

Jallicu   Cantoli   Prugna
Vandpllaccio

Saparellu
Vignola   Livesani
Conca

Tarcu

21

Quenza
Zonza

Pacciuntoli

Bergerie de Luviu

Tagliu
Rossu

Sainte-Lucie-de-Porto-Vecchio

Fautea   Punta di
Fautea
Cavu

A Testa   Olmucciu

Caramontinu
Pinarellu

Carabona

Castellu
di Cucuruzzu

Gualdariccu

Levie

Mela

Capu   Navatoli
Poggioli

Lecci

Golfe de Pinarellu
Ile de Pinarellu

Carbini

Agnarone

Pantano
Orone

L'Ospédale

Barrage de
l'Ospédale

Porto-
Vecchiaccio

198

Cirendinu

Punta Capicciolo

Tirolo

Gialla   Fossi

Arraggio

Carpulitanu
Radici

Cartalavone

Torre

Ferruccio

14

San Ciprianu

Baie de San Ciprianu

Buzzacone

Palavèse

Cala Rossa

Vignalella

Furcone

Nota

Baie de
Stagnolu

Golfe de Porto-Vecchio

Cipponu
Bala

Poretta

Marina
di Fiori

Punta di a Chiappa

Ile de Farina

ella

Muratellu
Mela

**Porto-
Vecchio**

Borivoli

Pianelli
Arca

Stabiacciu

Piccovaggia

Ile Forana

nta d'Ovace

Vacca

Baldaravita

Raghino

Salvadilevo

Sotta

Tagbu
Rossu

Ceccia

Pascialello

Ile Piana

Ile Pietricaggiosa

Naseo

Monument
Préhistorique

Cardetto

Precoggio

Bocca di l'Oru

Vallicelo

Cancaraccia

Usciolo
Pagliaggiolo

Golfe de Santa Giulia

23

Tarrabucceta

Montilati

Ogliastrello

Chera

Patra Longa
Salvini
Conte

Poggiale

Figari-Sud-Corse

Sant'Agostino

Saparelli

Chiova d'Asinu

Suartone

Tour de Sponsaglia

notolli-
aldarello

Figari

Santa
Lucia

Poggio d'Olmo

25

Punta di Rondinara

9

196

Barrage de
Figari

Etang de
Balistra

Golfu di
Santa-Manza

Punta di u Capicciolu

198

Golfe de
Ventilegne

La
Tonnara

Marcellara

Ricetti

Partmentile
Maora

Gurgazu

24

**Ancien Ermitage
de la Trinité**

14

**Grotte du
Sdragonatu**

Couvent
Saint-Julien

Ile Ratino

Capo di Feno

Bonifacio   **5**

Capo Pertusatu   **Phare de
Pertusato**

Ciappili

Ile Piana

Ile Cavallo

Gallura (Sardinien)

D   E

0   6 km

© MERIAN-Kartographie

N

Kartenregister

Orts- und Sachregister

Wird ein Begriff mehrfach aufgeführt, verweist die **fett** gedruckte Zahl auf
die Hauptnennung, eine *kursive* Zahl auf ein Foto.
Abkürzungen:
Hotel [H]
Restaurant [R]

Liebe Leserinnen und Leser,
vielen Dank, dass Sie sich für einen Titel aus unserer Reihe MERIAN *live!* entschieden haben. Wir freuen uns, Ihre Meinung zu diesem Reiseführer zu erfahren. Bitte schreiben Sie uns an merian-live@travel-house-media.de, wenn Sie Berichtigungen und Ergänzungen haben – und natürlich auch, wenn Ihnen etwas ganz besonders gefällt.

Alle Angaben in diesem Reiseführer sind gewissenhaft geprüft. Preise, Öffnungszeiten usw. können sich aber schnell ändern. Für eventuelle Fehler übernimmt der Verlag keine Haftung.

© 2012 TRAVEL HOUSE MEDIA GmbH, München
MERIAN ist eine eingetragene Marke der GANSKE VERLAGSGRUPPE.

3. Auflage

Alle Rechte vorbehalten. Nachdruck, auch auszugsweise, sowie die Verbreitung durch Film, Funk, Fernsehen und Internet, durch fotomechanische Wiedergabe, Tonträger und Datenverarbeitungssysteme jeglicher Art nur mit schriftlicher Genehmigung des Verlages.

BEI INTERESSE AN DIGITALEN DATEN AUS DER MERIAN-KARTOGRAPHIE:
kartographie@travel-house-media.de

BEI INTERESSE AN ANZEIGENSCHALTUNG:
KV Kommunalverlag GmbH & Co KG
MediaCenterMünchen
Michael P. Steuler
Tel. 0 89/92 80 96 44
steuler@kommunal-verlag.de

TRAVEL HOUSE MEDIA
Postfach 86 03 66
81630 München
merian-live@travel-house-media.de
www.merian.de

PROGRAMMLEITUNG
Dr. Stefan Rieß
REDAKTION
Anne-Katrin Scheiter
LEKTORAT
Kerstin Seydel-Franz
BILDREDAKTION
Anna Hoene
SCHLUSSREDAKTION
Luitgard Koch
SATZ/TECHNISCHE PRODUKTION
Nadine Thiel | kreativsatz
REIHENGESTALTUNG
Independent Medien Design,
Elke Irnstetter, Mathias Frisch
KARTEN
Gecko-Publishing GmbH
für MERIAN-Kartographie
DRUCK UND BUCHBINDERISCHE VERARBEITUNG
Stürtz Mediendienstleistungen, Würzburg

Ein Unternehmen der
GANSKE VERLAGSGRUPPE

PEFC/04-31-1404